Dorothy Henderson Pinch
Fröhlicher Reitkurs für Kinder

Dieses Buch ist auf 100% Recyclingpapier gedruckt. Bei der Herstellung des Papiers wird keine Chlorbleiche verwendet.

Die Autorin:

Die Amerikanerin Dorothy Henderson Pinch hat nicht nur den Text zu diesem Buch geschrieben, sondern auch alle Bilder gezeichnet. So zeigt sie ihren Lesern, daß Reiten Ernst und Verantwortung – und auch Spaß sein kann.

Dorothy Henderson Pinch

Fröhlicher Reitkurs für Kinder

Aus dem Amerikanischen
von Eva Podhajsky
Mit Zeichnungen der Autorin

Deutscher Taschenbuch Verlag

Titel der Originalausgabe: Happy Horsemanship
Originalverlag: D. Van Nostrand Company

Ungekürzte Ausgabe
April 1981
11. Auflage September 1997
Deutscher Taschenbuch Verlag GmbH & Co. KG, München

ISBN 3-7707-6141-3
Umschlagbild: Dorothy Henderson Pinch
Umschlagkonzept: Balk & Brumshagen
Gesetzt aus der 11/13· Times Linotron 303 TC
Gesamtherstellung: Kösel, Kempten
Printed in Germany · ISBN 3-423-07422-1

Inhalt

Darf ich mich vorstellen

Ich bin ein Pferd . . .

von dem jedes Kind träumt,

und das sich jedes Kind wünscht.

Denn es macht Spaß, Pferde zu beobachten,

sich mit ihnen anzufreunden,

sie zu streicheln

und zu umarmen.

Am schönsten aber ist es, ein Pferd zu reiten.

Bevor du zu reiten beginnst, solltest du einige wichtige Dinge über mich wissen, dann hast du Spaß an mir – und ich an dir.

Etwas über mich selbst

Wie gesagt, ich bin ein Pferd, und jetzt erzähle ich dir einiges über mich.

Ich bin ein Säugetier, das heißt, ich säuge meine Jungen mit meiner Milch. Mein Kind wird *Fohlen* genannt. Wenn es geboren wird, sagt man *abfohlen.* Kommt es von seiner Mutter weg, wird es abgesetzt und heißt *Absetzfohlen,* bis es ein Jahr alt ist.

Dann nennt man es einen *Jährling.* Für einen Vollblüter gilt immer der erste Januar als Geburtstag, ganz gleich, wann er abgefohlt wurde.

Ein männliches Pferd heißt *Hengstfohlen,* bis es drei Jahre alt ist. Dann nennt man es *Hengst.* Einen Hengst, der »gelegt«, das heißt kastriert wird, um ihn fügsamer zu machen, nennt man *Wallach.*

Ein weibliches Pferd ist eine *Stute.* Bis zu ihrem dritten Lebensjahr heißt sie *Stutfohlen.* Die Mutter eines Fohlens ist die *Mutterstute.* Will man die Abstammung eines Foh-

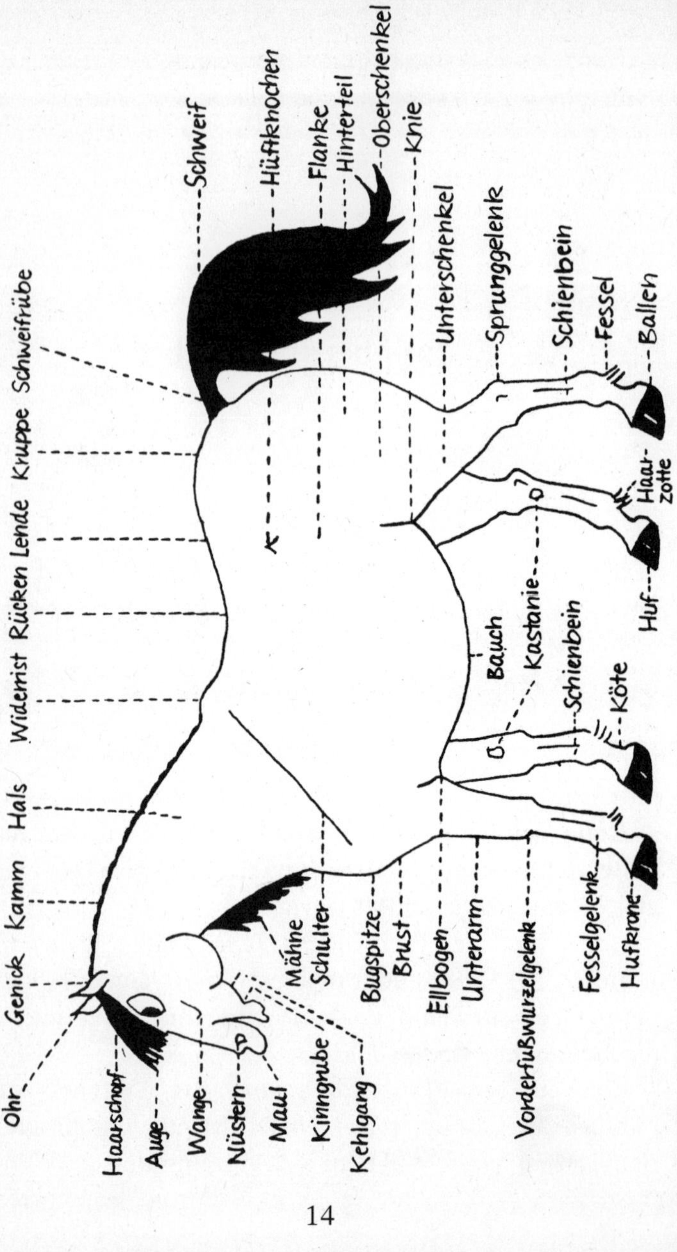
Ohr
Haarschopf
Auge
Wange
Nüstern
Maul
Kinngrube
Kehlgang
Genick
Kamm
Hals
Widerrist
Rücken
Lende
Kruppe
Schweifrübe
Schweif
Hüftknochen
Flanke
Hinterteil
Oberschenkel
Knie
Unterschenkel
Sprunggelenk
Schienbein
Fessel
Ballen
Mähne
Schulter
Bugspitze
Brust
Ellbogen
Unterarm
Vorderfußwurzelgelenk
Fesselgelenk
Hufkrone
Bauch
Kastanie
Schienbein
Köte
Huf
Haar-
zotte

lens erklären, sagt man, es ist »aus der« (und nennt den Namen der Stute) »von« (und sagt den Namen des Vaters). Also zum Beispiel: »aus der Gretl von Hansl.«

Nun will ich dir einiges über meinen Körper erzählen. Er besteht aus drei Teilen: *Vorhand, Rumpf* und *Hinterhand,* die auch *Nachhand* genannt wird.

Zur Vorhand gehören der Kopf, der Hals, die Schultern, der Widerrist und die Vorderbeine.

Der Rumpf besteht aus dem Rücken, den Rippen und dem Bauch. Zur Hinterhand zählen die Hüften, die Flanken, die Kruppe, der Schweif, die Oberschenkel und die Hinterbeine.

Ich bin ein Wirbeltier – ich habe eine Wirbelsäule.

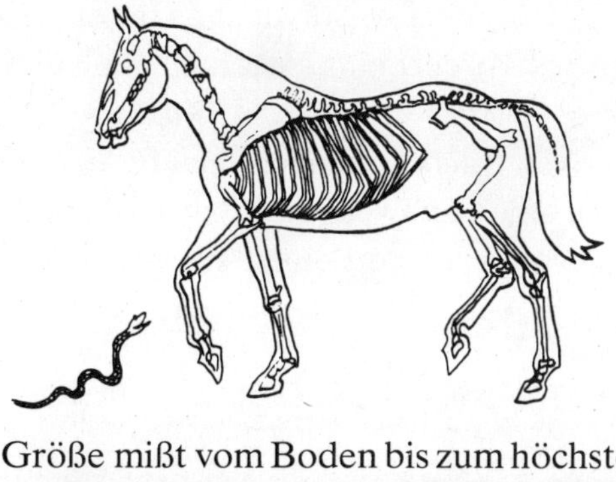

Meine Größe mißt vom Boden bis zum höchsten Punkt meiner Wirbelsäule, das ist der *Widerrist.* Pferde werden entweder mit Stockmaß oder mit Bandmaß gemessen. Das Stockmaß wird neben den Vorderfuß auf den Boden gestellt und damit die Höhe bis zum Widerrist gemessen. Das Bandmaß folgt den Konturen der Schultern, und wenn ich starke Muskeln habe, zeigt das Bandmaß viel mehr an als das Stockmaß. Hat ein ausgewachsenes Pferd weniger als eineinhalb Meter Höhe, dann wird es *Pony* genannt. Es gibt auch Pferderassen, die bis zu ein Meter achtzig groß werden!

Ich bin ein Vierfüßler. Meine *Vorderbeine* kann ich im *Ellbogen*, im *Knie*, im *Fessel*- und *Kötengelenk* beugen. Sie tragen den größten Teil meines Gewichts, trotzdem »schone« ich sie nicht so oft wie die Hinterbeine. An der Innenseite des Vorderbeins, oberhalb des Knies, habe ich eine kleine hornige Stelle, die *Kastanie*. An meinen Fesselgelenken wachsen längere Haare, damit Feuchtigkeit, Regen oder Schweiß nicht in meine Hufe rinnen können. Mit den Vorderbeinen stampfe ich auf, um im Sommer die Fliegen von ihnen zu verjagen. Paß auf deine Zehen auf!

Mit meinen *Hinterbeinen* bewege ich meinen Körper vorwärts. Manchmal, wenn ich schlafe, stehe ich nur auf einem Hinterfuß und »schone« den anderen, das heißt, ich lasse ihn kein Gewicht tragen. Die Hinterbeine kann ich in der *Hüfte,* im *Sprunggelenk,* im Fessel- und im Kötengelenk beugen. Auch an den Hinterbeinen habe ich an jeder Seite innen eine Kastanie. Ich benütze meine Hinterbeine manchmal, um mich zu verteidigen. Wenn ich erschrecke, schlage ich aus. Komm mir hinten also nie zu nahe, ohne mich vorher aufmerksam zu machen. Ich könnte dich treffen und verletzen.

Meine *Augen* sind nach vorne gerichtet, aber ich kann damit weiter nach hinten sehen als du. Doch kann ich auch den Kopf drehen. Meine Augen sind groß und glänzend und stehen weit auseinander.

Ich kann jedes *Ohr* einzeln bewegen, vorwärts und rückwärts. So wie bei dir die Augenbrauen, können bei mir die Ohren den Gemütszustand ausdrücken. Wenn du sie beobachtest, weißt du meistens, wie ich gelaunt bin. Ich bin fröhlich, interessiert und aufgeweckt, wenn ich beide Ohren nach vorne drehe. Bewege ich sie vorwärts und rückwärts, dann bin ich aufmerksam und horche auf deine Stimme. Wenn ich döse oder mich ausruhe, hängen meine Ohren meistens etwas nach der Seite. Es gibt Pferde, bei denen die Ohren von Natur aus so sind. Sie haben *Schlappohren.*

Paß auf, wenn ich beide Ohren flach an den Kopf lege! Dann bin ich schlechter Laune. Das ist wie bei dir das Stirnrunzeln. Je mehr ich meine Ohren zurücklege, desto ärgerlicher bin ich! Sobald du das siehst, mußt du herausfinden, warum ich verärgert oder gereizt bin. Jedenfalls Achtung vor meinen Zähnen und Hufen, wenn ich die Ohren zurückgelegt habe.

Meine *Stirne* soll breit und flach sein. Das bedeutet im allgemeinen, daß ich feinfühlig und gutmütig bin. Pferde mit enger Stirn und zwischen den Augen vorgewölbtem Schädel haben oft ein schwieriges und bösartiges *Temperament.*

Meine *Oberlippe* ist kräftig und sehr beweglich. Ich kann sie ausstrecken, um Gras und Heu abzuzupfen und das Futter in mein Maul zu ziehen. Gib acht, daß ich damit nicht deine Finger erwische und zwischen meine Zähne ziehe, wenn du mich fütterst. Wenn ich müde bin oder schläfrig, oder wenn ich alt werde, hängt manchmal meine *Unterlippe* schlaff hinunter.

Ich bekomme während meines Lebens zweimal *Zähne*. Bis zum sechsten Lebensjahr kannst du mein *Alter* nach dem Wachstum oder Ausfall meiner ersten oder *Milchzähne* bestimmen. Danach erkennt man mein Alter an der Beschaffenheit, der Form und dem Grad der Abnutzung meiner *Schneidezähne*. Bis zum zehnten Jahr wird mein Alter geradeso angegeben wie deines, aber dann sagt man einfach »alt«.

Stuten haben 36 Zähne, *Hengste* und *Wallache* haben noch vier Zähne extra, die *Hakenzähne*.

Es ist wichtig, daß du verstehst, wie mein *Kiefer*

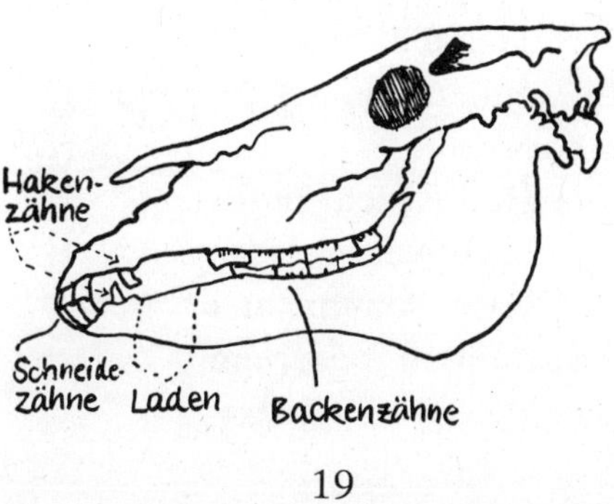

beschaffen ist, wenn du mich beim Reiten unter Kontrolle haben willst. Ich reagiere auf das *Gebiß* in meinem *Maul,* weil es als Folge deines *Zügelanzugs* einen Druck auf eine höchst empfindliche Stelle meines *Kiefers* ausübt. Man nennt diesen Kieferteil die *Laden.* Es handelt sich um die zahnlosen Stellen zu beiden Seiten des Unterkiefers, die zwischen den vorderen Zähnen, den *Schneidezähnen,* und den hinteren, den *Backenzähnen* liegen.

Je nachdem, wie stark du an den *Zügeln* ziehst, kann der Druck des Gebisses auf die Laden meines Kiefers stärker oder schwächer sein. Dann wende ich den Kopf, hebe oder senke ihn, entspanne meinen Kiefer oder gebe im *Genick* nach. Vom richtig ausgeübten Druck auf die Laden meines Unterkiefers hängt es ab, in welcher *Gangart* und in welchem *Tempo* ich gehe und ob ich im *Gleichgewicht* bin. Durch einen Druck deines Fingers oder Daumens auf die Laden kannst du mich dazu bringen, das Maul zu öffnen. Dann kannst du das Gebiß hineinschieben, ohne daß du Angst um deine Finger zu haben brauchst. Du mußt nur achtgeben, daß du nicht die Finger irrtümlicherweise zwischen meine Zähne bringst anstatt auf die Laden!

Mein *Hals* ist lang und biegsam. Ich kann ihn wenden und sehen, was hinter mir vorgeht.

So ein langer Hals ist sehr praktisch. Ich kann mich weit zurückbeugen, um Fliegen von meinen Flanken zu vertreiben oder um mich zu kratzen, wenn es juckt.

Natürlich kann ich auch nach dir schnappen, wenn du mich pflegst oder sattelst.

Also sei nicht unvorsichtig, sondern häng mich mit einer kurzen Leine oder mit 2 Leinen an, damit du keine unliebsame Überraschung erlebst!

Weil mein Hals so lang und biegsam ist, erreiche ich leicht den Boden, um Gras zu fressen. Das nennt man *grasen* oder *weiden*. Manchmal würde ich auch gern grasen, während du mich reitest, obwohl ich das natürlich nicht tun sollte! Aber versuch dann ja nicht, meinen Kopf mit den Zügeln in die Höhe zu ziehen. Bei so einem Wettziehen verlierst du ganz sicher und wirst mit den Zügeln über meinen Kopf gezerrt! Leg lieber die *Schenkel* fest an meine Seiten an. Dann muß ich vorwärts gehen und meinen Kopf heben, ob ich will oder nicht.

Mein Hals dient dazu, meinen Körper im *Gleichgewicht* zu halten. Die Haltung von Kopf und Hals wird

Kopfstellung genannt. Sie beeinflußt mein Gleichgewicht auf verschiedene Weise. Von der Kopfstellung hängt auch ab, wie hoch ich meine Beine heben kann und wie lang meine Tritte sind.

Ich strecke den Hals aus, wenn ich schneller werde. Ich trage den Kopf höher und wölbe den Hals, wenn ich meine Vorderbeine höher hebe. Manchmal benutze ich ihn auch, um der Einwirkung des *Gebisses* zu entgehen! Am besten hast du mich unter Kontrolle, wenn mein Hals und mein Körper eine Linie bilden.

Am oberen Rand meines Halses, den man *Kammrand* nennt, wächst langes kräftiges Haar. Es heißt *Mähne.*

Der *Schopf* zwischen meinen Ohren, der auf die Stirn hinunterhängt, heißt *Stirnhaar.* Im allgemeinen bürstet man die Mähne auf die rechte Seite des Halses. Bei amerikanischen *Cowboypferden* hängt sie an der linken Halsseite hinunter. So ist sie dem Cowboy nicht im Weg, wenn er mit seiner rechten Hand das Lasso schwingt. Die Mähne eines *Poloponys* wird ganz dicht am Hals abgeschnitten, damit sie den Poloschläger nicht behindert. Das nennt man eine geschorene Mähne. Manchmal haben auch *Springpferde* eine geschorene Mähne.

Für Reitturniere und andere besondere Gelegenheiten wird meine Mähne eingeflochten. Du kannst auch bunte Fäden oder Bänder dazu nehmen, damit es hübscher aussieht. Wenn meine Mähne zu dicht ist, zieht man einzelne Haare heraus. Das tut man auch, um die Länge abzugleichen oder die Mähne kürzer zu machen.

Mein Fuß heißt *Huf*.

Die Außenseite ist hart und hornig. Den oberen Rand, wo die Haut des Beins in das Horn des Hufs übergeht, nennt man *Krone*. Das keilförmige Kissen aus elastischem Gewebe in der Sohle meines Hufs heißt *Strahl*. Der Strahl dient als Stoßdämpfer. Damit sich der Huf nicht

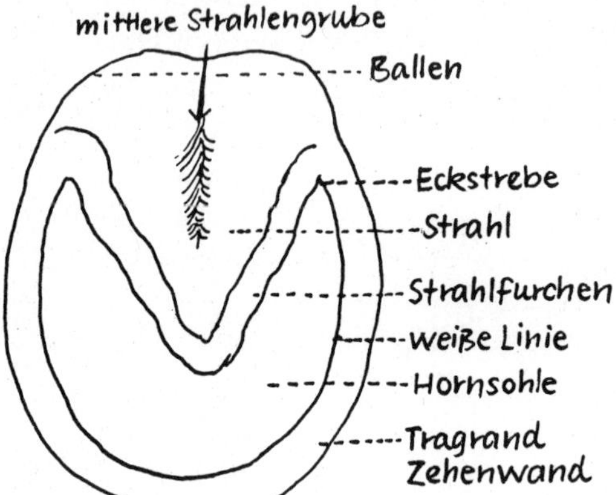

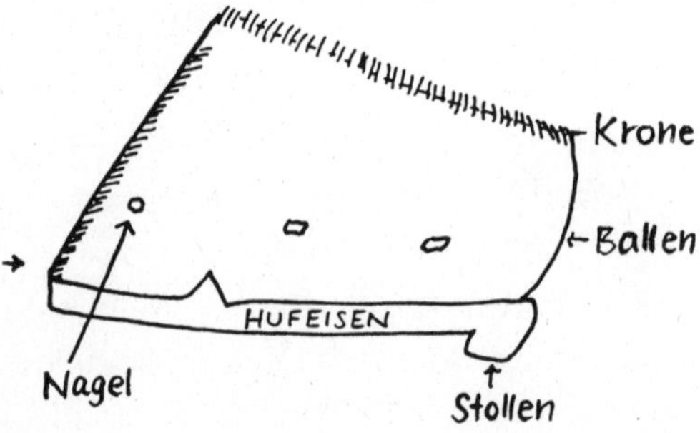

abnützt oder brüchig wird, nagelt man ein *Hufeisen* an die Ränder. Das tut nicht weh, denn die Außenseite meines Hufs ist so unempfindlich wie das Horn deines Fingernagels.

Damit es auf meinen Huf paßt, wird das Hufeisen im Feuer einer Esse erhitzt und dann auf einem Amboß in die richtige Form gehämmert. Die Hufeisen müssen alle fünf bis sechs Wochen abgenommen und der nachgewachsene Huf abgeschnitten und abgefeilt werden. Dann werden die Eisen wieder angenagelt. Das nennt man *beschlagen.* Ich werde von einem *Hufschmied* beschlagen. Seine Werkstatt heißt *Schmiede.*

Von der Stellung meiner *Schulter* hängt die Länge meiner Tritte ab. Für ein Reitpferd ist eine schräge Schulter am besten. Man spricht dann von *Schulterfreiheit.* In meinem *Brustkorb* muß ich genügend Platz für meine Lungen haben. Sie müssen sich ausdehnen können, wenn ich trabe und galoppiere. Man sagt, ich bin »gut bei Atem«, wenn meine *Atmung* nicht durch einen engen Brustkorb behindert wird.

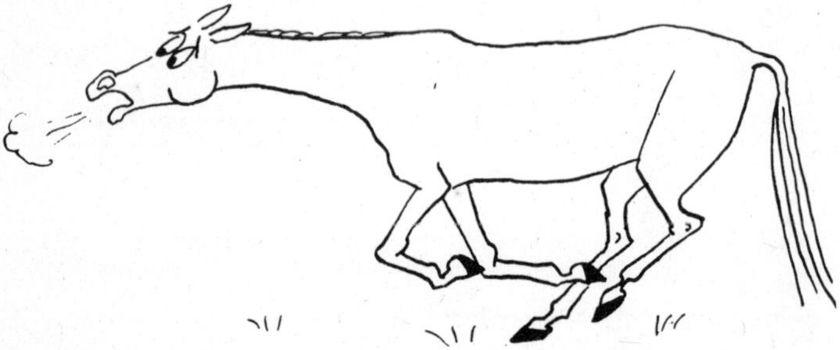

Auch meine *Verdauungsorgane* brauchen viel Platz. Deshalb sollten meine Rippen rund sein und nicht flach, da ich sonst mein *Futter* nur schlecht verdauen und die Nahrung nicht voll verwerten kann. Es ist dann nicht so leicht, mich in guter Körperverfassung zu halten. Auch bin ich weniger leistungsfähig und ausdauernd wie ein Pferd mit runden Rippen.

Wenn mein *Rücken* kurz und stark ist, fällt es mir leicht, dich zu tragen. Kräftige Muskeln an der *Hinterhand* sind notwendig, damit ich gut vorwärts gehen kann und nicht ermüde.

Mein *Schweif* hat im allgemeinen dieselbe Farbe wie die Mähne. Er wächst an der *Schweifrübe*. Bei den verschiedenen Pferderassen ist der Schweif verschieden lang und dicht. Manche Pferde haben nur ein dünnes Schwänzchen und andere, wie das *Shetlandpony*, einen üppigen Schweif, der bis zum Boden reicht.

Im Sommer ist mein Schweif sehr praktisch. Ich kann damit die Fliegen verjagen.

Für Turniere kannst du meinen Schweif auch so einflechten wie meine Mähne. Früher wurde meine Schweifrübe manchmal gekürzt, besonders bei *Kutschpferden.* Das nennt man *koupieren.* Heute ist es verboten, ein Pferd zu koupieren. Wenn ich fröhlich oder aufgeregt bin, dann trage ich meinen Schweif hoch.

Mein ganzer Körper ist mit *Haar bedeckt.* Es kann verschieden lang und dicht sein und heißt *Fell* oder *Haarkleid.* Es wächst vom Kopf gegen den Schweif, also von vorn nach hinten. Ich habe ein *Sommerfell* und ein *Winterfell.* Im Herbst wächst mir eine dichte *Unterwolle,* die mich gegen die Kälte schützt. Darüber wächst das längere gröbere *Deckhaar,* von dem der Regen abrinnt und das mich besonders vor Wind und Schnee schützt. Dieses schwere Haarkleid fällt im Frühjahr aus. Das nennt man *Haarwechsel.* Dann bekomme ich ein kurzes feines Sommerfell.

Wie dicht mein Winterfell wird, kommt auf das Klima

an, in dem ich lebe. Auch das Land, in dem meine Vorfahren lebten, spielt eine Rolle. Alle *Ponys* aus nördlichen Ländern wie die Shetland- und *Islandponys* bekommen ein viel dichteres und längeres Winterfell als zum Beispiel die *Vollblüter*, die von *Arabern* und *Berbern* abstammen.

Wenn ich im Winter scharf geritten werden soll, wird mein Haar am besten *geschoren*, damit ich nicht zu sehr schwitze. Für *Fuchsjagden* läßt man das Haar an den Beinen stehen, um sie vor Dornen und Gestrüpp zu schützen. Auch unter dem Sattel wird das Haar meist lang gelassen, damit kein *Satteldruck* entsteht.

Mein Fell ist glatt und glänzend, wenn ich gesund bin. Ein struppiges mattes Fell ist immer ein Zeichen dafür, daß mir etwas fehlt. Regelmäßige Pflege ist wichtig, damit ich gut aussehe und mich wohlfühle.

Wie ich mich verhalte

Ich bin ein Pferd und ich verhalte mich natürlich auch wie ein Pferd. Im allgemeinen bin ich ein friedliches Tier und freundlich zu den Menschen. Ich habe es gern, wenn man mich streichelt und zu mir spricht. Wenn du mich am Kopf streichelst, dann bitte nicht oberhalb der Augen. Am besten klopfst du mich am Hals oder an der Schulter ab. Dann kann ich dich genau sehen und du bist außer Reichweite von meinen Zähnen und Hufen.

Geh immer von vorn auf mich zu, damit ich dich kommen sehe. Sprich mich mit leiser und ruhiger *Stimme* an.

Komm nicht schreiend auf mich zugelaufen, sonst erschreckst du mich!

Wenn du von hinten an mich herantreten mußt, sprich mich vorher an, damit ich weiß, daß du kommst. Sonst schlage ich womöglich aus und schaue erst danach um.

Zucker, Karotten und *Äpfel* sind Leckerbissen für mich. Aber füttere mich lieber nicht, solange ich das *Gebiß* im Maul habe. Ich kann damit nur schlecht kauen. Warte mit der Belohnung, bis meine Arbeit getan ist.

Gib mir diese Leckerbissen immer auf der flachen, das heißt gestreckten Hand. Wenn du deine Finger krümmst, könnte ich sie womöglich mit den Leckerbissen verwechseln.

Genau wie du habe auch ich meine kitzligen Stellen. Wenn du mich an diesen Stellen berührst oder zum Beispiel bürstest, dann verhalte ich mich genau so, wie du es tun würdest. Ich versuche auszuweichen oder irgendwie zu verhindern, daß man mich belästigt. Ich kann leider nicht sagen »Hör auf, du kitzelst mich!« Darum schnappe ich oder schlage aus, um mein Mißvergnügen zu zeigen. Besonders hinter dem *Ellbogen* bin ich sehr kitzlig. Deshalb schnappen manche Pferde, wenn der Sattel aufgelegt oder der Gurt festgezogen wird.

Die *Flanke*, gerade vor dem *Hüftknochen*, ist auch sehr empfindlich. Beim *Bürsten* oder *Striegeln* treten manche Pferde mit dem Hinterfuß heftig nach vorne oder nach der Seite. Sei immer vorsichtig an kitzligen Stellen!

Ich bin ein *Herdentier*. In Freiheit lebe ich mit anderen Pferden in einem Rudel.

Ich bin gern mit anderen Pferden zusammen. Wenn du mich von ihnen wegführst, sträube ich mich womöglich oder geselle mich zu anderen Pferden. Oder ich versuche, in meinen Stall zurückzukehren, wenn nicht sogar in einen anderen Stall zu laufen. Also sei nicht überrascht, wenn ich nicht willig von einem anderen Pferd weggehe. Da mußt du mich schon ein bißchen überreden!

Sehe ich andere Pferde davongaloppieren, werde auch ich aufgeregt und möchte hinterherrennen. Sprich beruhigend auf mich ein! Wenn ich zusammen mit anderen Pferden geritten werde, versuche ich auf jeden Fall Schritt zu halten oder sogar sie zu überholen. Ich kann sehr ärgerlich werden, wenn du mich zurückhältst. Laß dich nicht auf ein Wettziehen mit mir ein. Wenn wir nicht vorn gehen können, führe mich lieber von der Gruppe weg. Dann macht es mir nicht soviel aus, wenn ich nicht mitlaufen kann.

Selbst wenn du mich allein reitest, kann es vorkommen, daß ich davonstürmen möchte. Besonders, wenn es heimwärts zum Stall geht! Und das weiß ich immer!

Sehr unangenehm kann es für dich werden, wenn ich hinter den anderen Pferden hertrödle und ich plötzlich zu eilen beginne, um aufzuschließen. In meinem Eifer bocke ich oder schlage übermütig aus, ganz so, als wäre ich auf freiem Feld. Laß mich möglichst nicht hinter den anderen Pferden zurückbleiben, damit ich sie nicht einholen muß. Wenn es doch einmal passiert, dann setz dich fest in den Sattel und erlaube mir ja nicht, meinen Kopf zu senken. Um ordentlich bocken zu können, muß ich nämlich den Kopf zwischen die Vorderbeine stecken.

Eigentlich bin ich ein ziemlich furchtsames Wesen. Ich erschrecke leicht, wenn ich etwas Neues oder Ungewohntes sehe.

Am liebsten möchte ich davonlaufen, wenn mich etwas erschreckt. Du mußt ruhig und überlegen bleiben, wenn ich mich fürchte.

Vor Dingen und *Geräuschen,* die ich für gefährlich halte, springe ich zur Seite. Das nennt man *scheuen.* Da ist ein fester Sitz wichtig. Wenn ich erschrecke, bewege ich mich unvermutet und kann dich leicht aus dem Sattel heben.

Vor lauten und jähen Geräuschen laufe ich davon. Bleib ruhig und rede mit sanfter *Stimme* auf mich ein, damit ich wieder zur Vernunft komme.

Obwohl ich andere Pferde eigentlich gerne mag, kann ich manchmal ein bestimmtes Pferd eben nicht leiden. Dann suche ich Streit. Du streitest doch auch manchmal mit deinen Spielkameraden. Oft beginnt es damit, daß wir uns mit den Köpfen zu nahe kommen. Laß uns also nicht die Nasen zusammenstecken.

Manchmal *schlage* ich auch nach anderen Pferden *aus* oder sie nach mir. Deshalb reite mich nie zu dicht an ein anderes Pferd heran.

Auch das *Wetter* beeinflußt mein Verhalten. Wenn der *Wind* bläst und in den Bäumen rauscht, kann ich aufgeregt und lebhaft werden. An so einem Tag mußt du mich immer mit der *Kruppe* gegen den Wind drehen, wenn ich stehen bleiben soll. Das ist besser für meine Lungen.

Außer an kalten und windigen Tagen macht mir Regen nicht viel aus. Es muß schon ein Wolkenbruch sein oder vom Wind gepeitschter Regen, um durch mein dichtes *Haarkleid* zu dringen. Dann kann ich mich leicht *erkälten.* Wenn ich durchnäßt bin, decke mich mit einer dünnen Wolldecke zu, damit ich mich nicht erkälte. Erst mußt du aber mit einem *Schweißmesser* das Wasser aus meinem Fell streichen und mich mit Stroh oder einem Tuch *trockenreiben.*

In der *Wärme* werde ich leicht schläfrig. Wenn ich so vor mich hindöse, mußt du mich anrufen, bevor du dich näherst, sonst erschrecke ich. Selbst beim Reiten bin ich dann träge, denn an einem warmen Tag bewege ich mich meist ruhiger und langsamer als an einem kalten.

Laß mich niemals in der prallen Sonne angebunden stehen. Häng mich im Freien nur im kühlen Schatten an. Auch meine Weide muß einen Schattenplatz haben, entweder einen Baum oder ein Dach.

An kalten Tagen bin ich gewöhnlich lebhafter als sonst. Besonders munter werde ich, wenn ich aus dem warmen Stall an die frische kalte Luft komme. Dann mußt du meine Kräfte sofort in die richtigen Bahnen lenken – am besten ist ein flotter, lebhafter *Trab*. Im Trab kann ich auch nicht so leicht bocken oder buckeln wie im Galopp. Versuch nicht, mich im Schritt zu halten. Dadurch stauen sich meine Energien nur auf – und das kann später zur Explosion führen!

Meine Sprache heißt *Wiehern*. Damit begrüße ich dich und andere Pferde. Ich wiehere aus Freude und manchmal auch aus Aufregung oder Angst. Wenn ich mich einsam fühle, wiehere ich nach anderen Pferden. Sei auf der Hut, wenn ich beim Reiten wiehere, denn dann habe ich Sehnsucht nach anderen Pferden und versuche wahrscheinlich, zum Stall zurückzulaufen.

Ich *fresse* gern, besonders frisches Gras und grüne Blätter. Oft versuche ich nach Büschen und Zweigen zu schnappen, während du mich reitest. Das darfst du mir nicht erlauben. Alles zu seiner Zeit. Solange du mich reitest, muß ich meine Aufmerksamkeit auf dich richten und nicht auf Dinge, die mich interessieren. Laß mich nicht fressen, während ich das *Gebiß* im *Maul* habe. Ich kann damit ohnehin nicht ordentlich kauen und mache es nur schmutzig.

Versuche mich zu verstehen. Denke daran, wie ich mich unter bestimmten Bedingungen verhalte. Wenn du weißt, was du von mir zu erwarten hast, kannst du uns beiden Schwierigkeiten ersparen und uns einen angenehmen Ritt verschaffen.

Wie du mich putzt, aufzäumst und sattelst

Komm möglichst immer von der linken Seite zu mir. Links werde ich geführt, gesattelt und abgesattelt. Links sitzt du auf und ab. Geh immer langsam und ruhig, lauf also nicht auf mich zu. Am besten bewegst du dich in Richtung auf meinen Hals zu und nicht gleich gegen meinen Kopf. Wenn du deine Hand zu plötzlich gegen meinen Kopf führst, springe ich wahrscheinlich zur Seite.

Ganz gleich aus welcher Richtung du auf mich zukommst, ruf mich immer erst an. Ist deine *Stimme* freundlich und ruhig, dann weiß ich, daß nun ein Freund zu mir kommt, dem ich vertrauen kann. Mit einer lauten und groben Stimme verschreckst du mich nur. Ganz besonders wichtig ist das, wenn du dich von hinten näherst, denn dann kann ich dich an deiner Stimme erkennen.

Lege deine Hand auch nicht plötzlich auf meine *Kruppe!* Ich könnte erschrecken und *ausschlagen.* Wenn du meine Kruppe berühren mußt, lege deine Hand, während du zu mir sprichst, erst auf meinen Hals oder meine Schulter und streiche ganz langsam über meinen Körper nach hinten. Dann weiß ich, wer mich berührt, und bin nicht überrascht oder ängstlich.

Wenn du von einer Seite auf die andere gehen mußt, tu es immer vornherum oder unter meinem Hals durch, es sei denn, du machst einen großen Bogen um meine Hinterfüße.

Mein Platz im *Stall* heißt *Stand*. Hier bin ich mit einem *Stallhalfter* angehängt und durch *Streifbäume* von den anderen Pferden getrennt. In einer *Box* kann ich mich frei bewegen und muß nicht angebunden sein. Mein Stallhalfter hängt dann griffbereit an einem Haken außen an meiner Box. Mit dem Halfter werde ich geführt oder angehängt. Auch auf der *Koppel* trage ich das Halfter.

Die Koppel ist eine eingezäunte Weide, wo ich Gras fressen und mich austoben kann. Am besten führst du mich mit einem *Führzügel*. Da ich gern auf Leder herumkaue, wird das Stück an meinem Maul oft aus

Kettengliedern gemacht. Aber das macht mir keinen Spaß. Führ mich immer auf meiner linken Seite. Geh neben meinem Kopf oder ein bißchen vor mir.

Ich sollte nicht vor dir oder mit nach rechts gedrehtem Kopf gehen. So kannst du mich nicht gut führen, wobei ich dir sogar entkommen könnte. Nimm den Führzügel in die rechte Hand, ungefähr fünfzehn Zentimeter von meinem Kopf entfernt. Laß das lose Ende nicht hinunterhängen. Du könntest darauf treten oder darüber stolpern. Lege es in deiner linken Hand zusammen, aber wickle es niemals um die Hand. Wenn ich einmal davonstürme, könntest du dich nicht losmachen und würdest hinter mir hergeschleift. Während du mich führst, solltest du immer in die Richtung schauen, in die du gehst. Gewöhnlich trotte ich ohne zu zögern hinterher. Wenn ich dir nicht gleich folge oder mich weigere, versuche nicht, mich

hinter dir herzuzerren. Ich bin nämlich der Stärkere! Durch kurzes leichtes Anziehen und Nachgeben des Führzügels bringst du mich vorwärts. Dagegen leiste ich keinen Widerstand. Dreh dich nicht nach mir um, es sei denn, du führst mich durch eine enge Stelle, wie zum Beispiel ein *Gatter* oder das *Stalltor*. Dann gib acht und führe mich immer gerade hindurch, damit ich mir nicht die *Hüfte* anschlage. Meine *Hüftknochen* sind genauso wie deine Ellbogen nur mit Haut bedeckt und haben kein schützendes Fett- oder Muskelpölsterchen. Es kann sehr schmerzhafte Verletzungen geben, wenn ich meinen Hüftknochen gegen einen Türpfosten schlage.

So lenkst du mich am besten: mit einem kurzen Ziehen am Führzügel steuerst du meinen Kopf nach links. Auf einen leichten Druck deiner Schulter oder deines Ellbogens wende ich mich nach rechts. Soll ich langsamer werden oder anhalten, ein wiederholtes kurzes Ziehen am Führzügel, anstelle von dauerndem Zerren. Versuche mir immer klar zu machen, was du von mir willst. Ein ruhiges »Ho!« oder »Brr!« bedeutet für mich »Stop!«.

Putz mich jedes Mal, bevor du mich reitest. *Putzen* heißt für mich pflegen und säubern. Hier sind die Gegenstände, die du dafür brauchst. Alle zusammen nennt man *Putzzeug*. Am besten wird es in einer Schachtel oder in einem Henkelkorb aufbewahrt. So kannst du es leicht tragen und in Ordnung halten.

Der *Hufräumer* kratzt die Hufe aus.

Die *Haarbürste* entfernt starken *Schmutz,* verkrusteten Lehm und *Schweiß* aus meinem Fell.

Die *Kardätsche* bürstet Staub und Schuppen aus meinem Fell, aus der *Mähne* und dem Schweif.

Der *Striegel* reinigt die Kardätsche.

Die *Waschbürste* wird naßgemacht und bürstet Mähne, Schweif, Beine und Füße.

Der *Schwamm* säubert *Augen, Nüstern, Maul* und *Schweifrübe.*

Mit ihm werde ich am ganzen Körper feucht abgewischt.

Das *Frottiertuch* ist ein Lappen aus Wolle, Frottéstoff oder Hirschleder und gibt mir am Ende der Pflege erst den richtigen Glanz.

Das *Schweißmesser* streift *Schweiß* und Wasser aus meinem Fell.

HUFRÄUMER

HAARBÜRSTE

KARDÄTSCHE

STRIEGEL

WASCHBÜRSTE

SCHWAMM

FROTTIERTUCH

SCHWEISSMESSER

Wenn es Zeit ist, mich zu pflegen, bring mein Putzzeug und einen Eimer Wasser. Häng mich mit einer *Leine* an meinem *Stallhalfter* an. Sie soll nicht zu lang sein, damit ich mich nicht umwenden und nach dir schnappen kann. Du weißt ja, ich bin kitzlig. Hinter den Ellbogen, am *Bauch* und an der *Flanke* vor dem Hüftknochen sind meine empfindlichen Stellen. Bürste mich dort immer sehr vorsichtig und vergiß nicht, daß ich Zähne und Hufe habe.

Hebe meine Füße nacheinander auf und entferne mit der Spitze des *Hufräumers* alles, was sich im Huf eingetreten hat. Arbeite vom *Ballen* abwärts zur *Zehe*.

Nun kommt die *Haarbürste* daran. Fang links an und bürste vom Genick gleich hinter meinem Kopf gegen den Schweif. Diese Bürste mit den langen steifen Borsten kann abwechselnd in beiden Händen gehalten werden. Zieh sie in kurzen Strichen kräftig durch mein Haarkleid. *Schweißflecken* in der Sattelgegend sind besonders gut damit zu entfernen, auch verkrusteter Schmutz am Bauch oder an den *Sprunggelenken,* an den *Fesseln* und den *Kötenhaaren.* Für die empfindlichen Stellen meines Körpers eignet sich diese harte Bürste nicht. Wenn du meine Hinterbeine bürstest, empfehle ich dir, meinen Schweif mit deiner freien Hand festzuhalten. Da vergeht mir meistens die Lust auszuschlagen.

Als nächstes folgt die *Kardätsche* mit den weicheren Borsten. Bürste in kurzen runden Bewegungen und immer mit dem Strich, das heißt in der Richtung, in der das Haar wächst. Diese Bürste kann für meinen ganzen Körper verwendet werden, auch für den Kopf.

In der Hand, die meinem Kopf am nächsten ist, hältst du die Kardätsche, in der anderen den *Striegel.* Alle vier oder fünf Striche ziehst du die Bürste fest durch die Zähne des Striegels, um aus ihr den Schmutz zu entfernen. Halte dabei den Striegel möglichst weit von dir entfernt, damit du nicht den Staub einatmest. Den Striegel klopfst du dann auf dem Boden aus, die »Striche« schön nebeneinander. Aus der Anzahl der »Striche« kannst du ersehen, wie gründlich du mich geputzt hast.

Meine *Mähne* wird erst einmal auf die andere Seite gelegt, um den oberen Rand meines Halses, den *Kammrand* zu bürsten. Dann wird die Mähne auf die richtige Seite zurückgeschlagen und jede *Strähne* einzeln gebürstet. Zuerst solltest du die Haarspitzen entwirren und dann die einzelnen Strähnen von den Wurzeln abwärts bürsten.

Mein *Schweif* wird auf die gleiche Weise gepflegt. Halte den Schweif nach einer Seite – nicht hinter mir

stehen! – und nimm dir immer nur eine *Strähne* vor. Halte das Haar zwischen meiner Schweifrübe und der Strähne, die du gerade entwirrst, fest in deiner Hand. So tust du mir nicht weh und reißt mir keines der kostbaren Schweifhaare aus.

Mit einem *Schwamm* reinigst du mir *Augen, Nüstern* und *Maul*, und mit einem anderen Schwamm wäschst du mich unter dem *Schweif*. Du reibst auch den Schweiß ab, der sich beim Reiten an einem heißen Tag unter dem Sattel und Zaumzeug bildet. Wenn ich mich bei Sommerwetter sehr erhitzt habe, wäschst du mich mit dem Schwamm am ganzen Körper ab. Das nennt man *abschwammen.* Dazu nimmst du lauwarmes Wasser.

Mit dem *Schweißmesser* entfernst du *Schweiß* oder Wasser aus meinem Haarkleid. Es wird in Richtung des Haarwuchses über mein Fell gezogen.

Tauche die weichen Borsten der *Waschbürste* ins Wasser und drücke sie am Rand des Eimers aus. Befeuchte meine *Mähne* damit und bürste sie glatt, immer von den Haarwurzeln zu den Spitzen. Auch für Schweif und Beine kann diese Bürste gut verwendet werden.

Wenn du mit allem fertig bist, faltest du das *Frottiertuch* zu einem handlichen Stück zusammen und streichst damit über mein *Fell,* bis es glänzt.

Nun bin ich blitzsauber und kann gesattelt werden.

Wenn du mich reitest, trage ich einen *Zaum,* einen *Sattel* und manchmal ein *Martingal.* Das Sattel- und

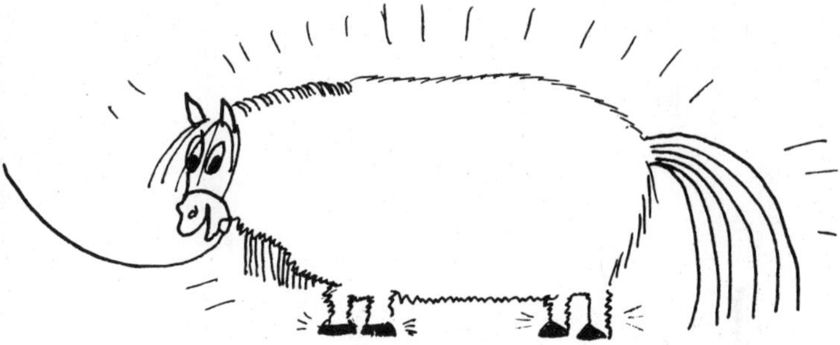

Zaumzeug wird in der *Sattelkammer* aufbewahrt. Man sagt, ein Pferd wird *gesattelt* und *gezäumt* und *abgesattelt* und *abgezäumt.* Mit Zaum und Martingal kannst du mich erst richtig führen. Der Sattel erleichtert es dir, auf meinem Rücken zu bleiben, außerdem sitzt du bequemer! Der Zaum ist aus Leder, das *Gebiß* daran aus Metall. Der Zaum heißt auch *Kopfgestell,* weil er über meinen Kopf gelegt wird. Das Gebiß liegt in meinem *Maul.* Die *Zügel* sind mit jeweils einem Ende am *Gebiß* befestigt, das andere hältst du in deiner Hand. Mit den Zügeln kannst du unterschiedlichen Druck auf die empfindlichen *Laden* meiner *Unterkiefer* ausüben, je nachdem wie fest oder wie leicht du an den Zügeln ziehst. Das nennt man *Zügelanzug.* Die richtige Anwendung des Zügelanzugs entscheidet, wie du mit mir fertig wirst.

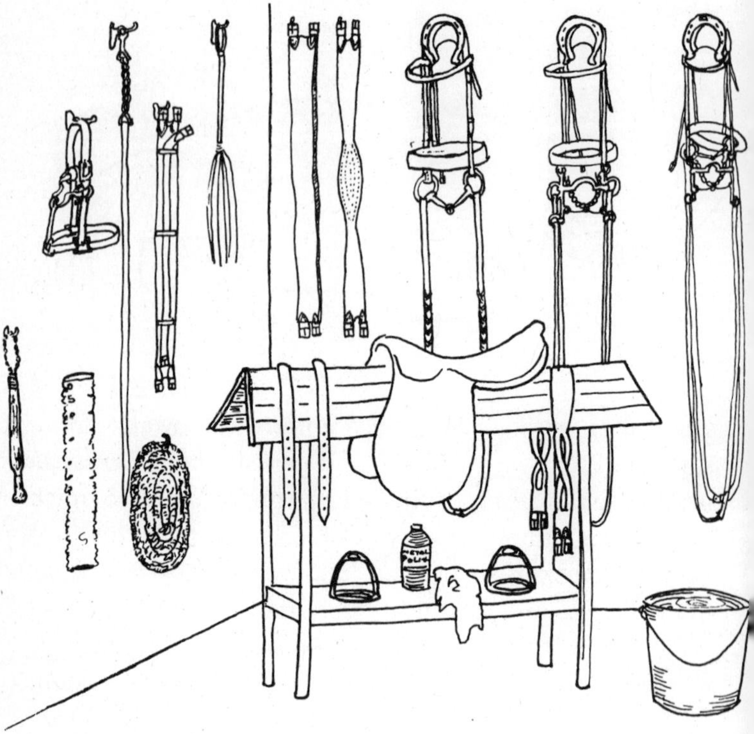

Damit führst du mich, erhältst mein *Gleichgewicht*, bestimmst meine *Gangart* und mein *Tempo*. Der Zaum hat seinen besonderen Namen von dem Gebiß, das an

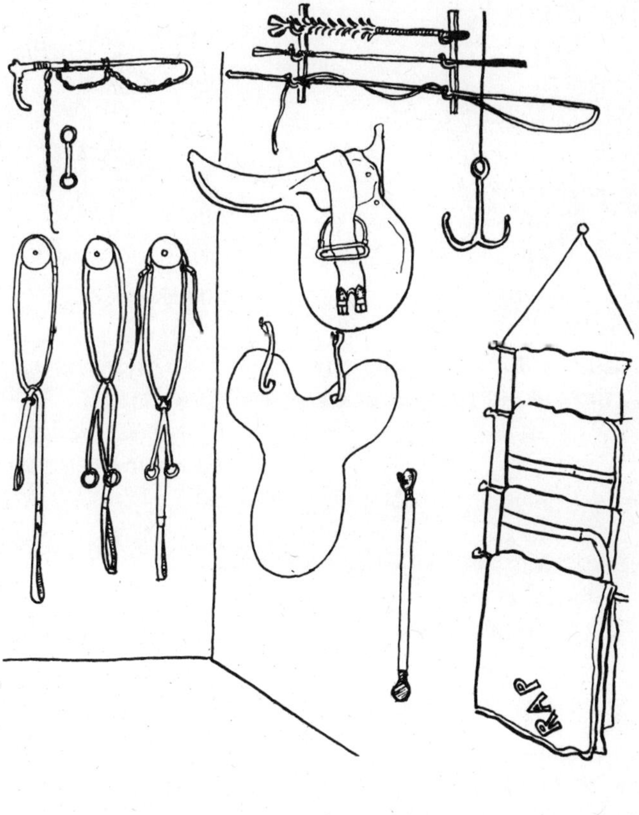

ihm befestigt ist. Die für den Reitsport am häufigsten gebrauchten Zäume sind hier abgebildet. Die Gebisse unterscheiden sich durch ihre Anwendung und Wirkung.

KANDARENZAUM

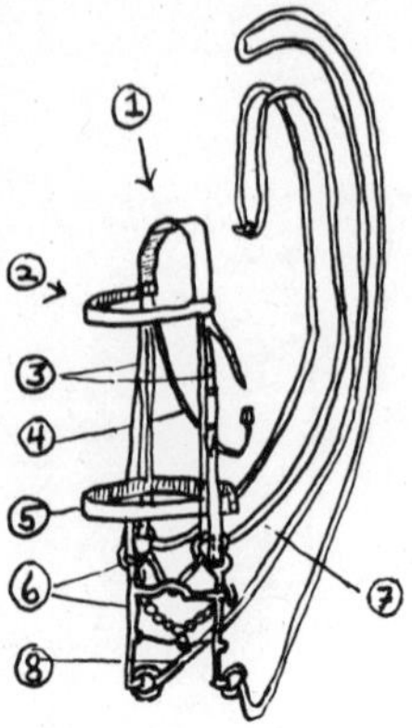

TRENSENZAUM
(mit englischem Reithalft

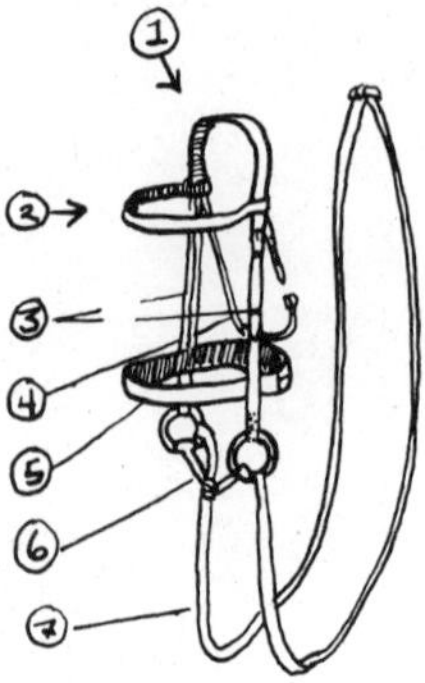

① GENICKSTÜCK
② STIRNRIEMEN
③ BACKENSTÜCK
④ KEHLRIEMEN
⑤ NASENRIEMEN
⑥ GEBISS
⑦ TRENSENZÜGEL
⑧ KANDARENZÜGEL

UNTERLEGTRENSE
(für Kandare)

TRENSENGEBISS

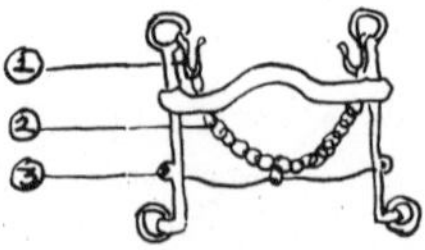

KANDARENGEBISS

① KINNKETTENHAKEN
② KINNKETTE
③ FANGRIEMEN

Nehmen wir an, du benützt den Trensenzaum mit einem englischen Reithalfter. Wenn du das Zaumzeug aus der *Sattelkammer* bringst, hängst du das Kopfgestell am *Genickstück* über deinen linken Unterarm, so daß der *Stirnriemen* gegen deine Ellbogenbeuge zeigt. Hänge die Zügel gleich lang über deinen Arm, damit du sie nicht über den Boden schleifst. Schnall mein *Stallhalfter* auf, aber halte den Riemen fest in deiner Hand. Nun laß das Halfter über meine Nase heruntergleiten, und schnalle es um meinen Hals fest. So habe ich den Kopf frei für das Zaumzeug und bin doch noch fest angehängt.

Stell dich zu meinem Kopf und schau in dieselbe Richtung wie ich. Hebe die Zügel über meinen Kopf und lege sie auf meinen Hals. Führe deine rechte Hand unter meinem Kopf durch und halte sie von der anderen Seite her etwas oberhalb meiner Nüstern vor mein Gesicht. Ergreife die Mitte beider *Backenstücke* mit dieser Hand. Mit ihr kannst du auch meinen Kopf niederhalten, wenn ich dem Gebiß ausweichen will. Das versuche ich nämlich manchmal.

Halte nun das *Gebiß* mit Daumen und Zeigefinger deiner linken Hand auseinander und führe es vorsichtig gegen meine *Zähne,* dort, wo sie aufeinander liegen. Drücke es nicht gegen meine *Lippe,* wie das manche Leute tun! Wenn du sanft bist, öffne ich das *Maul* meist von selbst und nehme willig das Gebiß an. Wenn ich das Maul nicht öffne, preßt du mit einem gekrümmten Finger auf den zahnlosen *Laden* meines *Unterkiefers.* Dann muß ich das Maul aufmachen und das Gebiß annehmen. Hab keine Angst, ich zwicke dich dabei nicht in den Finger, außer du steckst ihn irrtümlicherweise zwischen meine Vorderzähne. Schieb das Gebiß mit der linken Hand in mein Maul. Gleichzeitig hebst du mit der rechten die beiden Backenstücke und bringst so das Gebiß in die richtige Lage. Mit beiden Händen kannst du nun das Kopfgestell über jedes Ohr ziehen. Es schadet meinen Ohren nicht, wenn du sie dabei sanft nach vorn biegst.

Vergiß nicht, unter dem Genickstück und über dem Stirnband meine *Mähne* und den *Schopf* zu glätten. Als nächstes wird der Nasenriemen fest geschlossen und der *Kehlriemen* locker zugeschnallt. Er darf mich nicht am Atmen behindern. Laß immer eine Handbreit Raum zwischen dem Kehlriemen und meiner Kehle. Wenn du eine Trense mit *hannoveranischem Halfter* verwendest, wird der *Kinnriemen* so zugeschnallt, daß er unter dem *Trensengebiß* durchführt.

Stell dich vor mich hin und kontrolliere den Zaum. Achte darauf, daß der Stirnriemen gerade sitzt und meine *Ohren* nicht einzwickt. Auch der Nasenriemen muß gerade sein und zwischen den Enden der *Backenknochen* und meinen Mundwinkeln liegen. So kann er weder die Backenknochen wundreiben, noch meinen *Mundwinkel* einklemmen. Die Enden der Riemen werden immer durch die beiden Schlaufen gezogen. Eine ist dicht an der Schnalle angenäht, die andere gleitet lose am Riemen. Flatternde Riemenenden sehen sehr unordentlich aus.

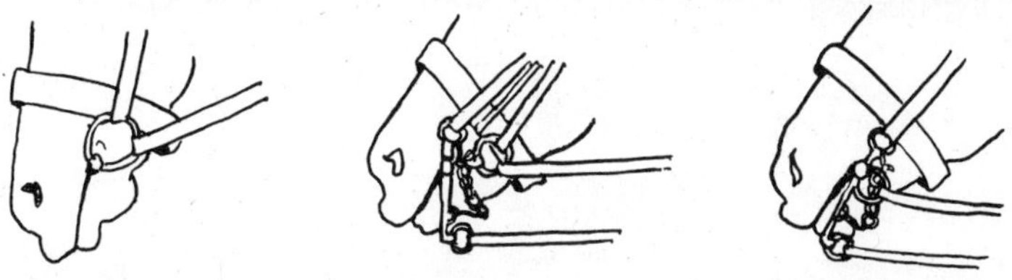

Das *Trensengebiß* soll so in meinem Maul liegen, daß es gerade die Mundwinkel kräuselt. Die *Unterlegtrense* der *Kandarenzäumung* liegt genauso, und die *Kandare* befindet sich knapp darunter und davor. Die Glieder der *Kinnkette* müssen flachgedreht werden, damit sie sich der *Kinngrube* anschmiegen. Die *Trense* wirkt auf die Laden

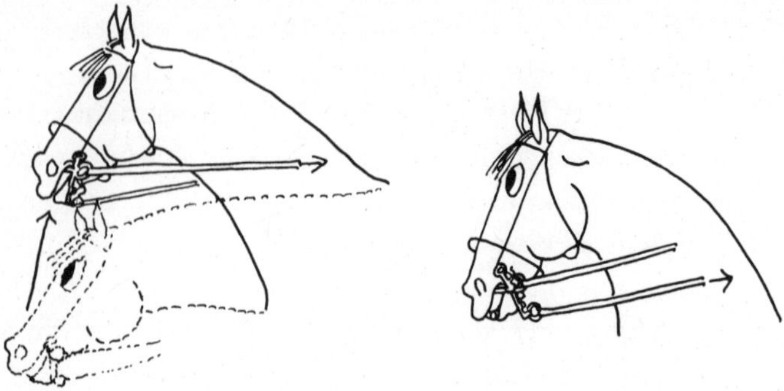

meiner Unterkiefer und die Mundwinkel. Mit ihr hebst und wendest du meinen Kopf. Die Kandare wirkt nur auf meine Laden. Die Kinnkette in der Kinngrube läßt die Kandare wie einen Hebel wirken, der den Druck auf meine *Unterkiefer* verstärkt. Deshalb hat die Kandare eine viel schärfere Wirkung. Du solltest sie erst verwenden, wenn du schon gut reiten kannst.

Manchmal hebe ich den Kopf und strecke die Nase in die Luft, denn ich habe herausgefunden, daß du mich so nur mühsam lenken kannst. Jetzt wirkt die Trense nämlich nicht mehr auf die Stelle in meinem Maul, die

mich sonst zur Aufmerksamkeit zwingt. In diesem Fall verwendest du ein *Martingal,* mit dem ich meinen Kopf nur bis zu einem bestimmten Punkt heben kann. Das Martingal wird um meine Schultern gelegt, bevor ich gezäumt werde. Das *feststehende Martingal* besteht aus einem Halsriemen und einem Riemen, der mit einem Ende am Kinnriemen und mit dem anderen am *Sattelgurt* befestigt wird. Er läuft durch einen Schlitz im *Halsriemen.* Um die richtige Länge zu ermitteln, mußt du das Martingal mit der Hand hochschieben: es soll bis zu meiner Kehle reichen.

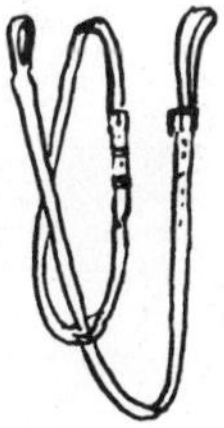

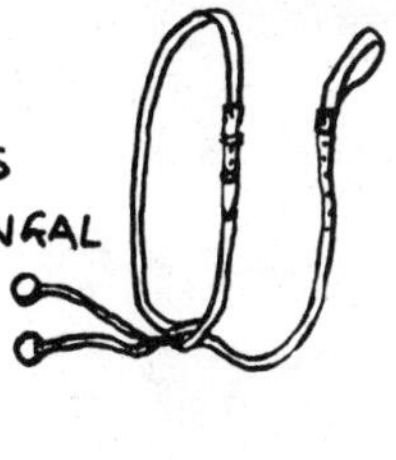

Das *laufende Ringmartingal* besteht aus einem Halsriemen und aus einem weiteren Riemen, der am Sattelgurt befestigt wird. Sein anderes Ende ist geschlitzt in zwei Riemen, von denen jeder in zwei Ringen endet. Durch diese beiden Ringe werden die *Trensenzügel* gezogen.

Wenn du beide Ringe (ohne durchlaufende Zügel) in eine Hand nimmst und an meiner Schulter hochführst, sollen die Ringe bis zu meinem *Widerrist* reichen. Dann hat das Martingal die richtige Länge.

Bei beiden Martingals wird der Halsriemen an der linken Seite zugeschnallt. Er soll so locker sein, daß noch eine Handbreit über meinem Widerrist Platz ist. Ein richtig angepaßtes Martingal kann mich daran hindern, dir so manchen Streich zu spielen!

Dies sind die Teile meines Sattels

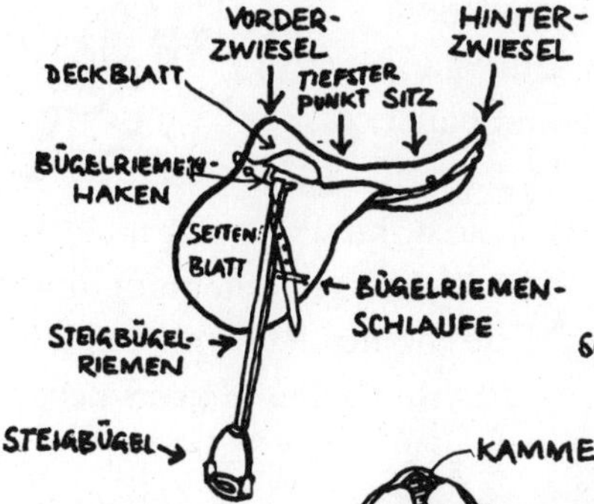

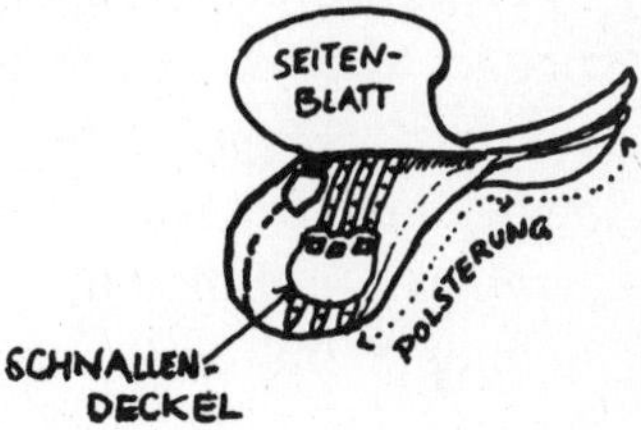

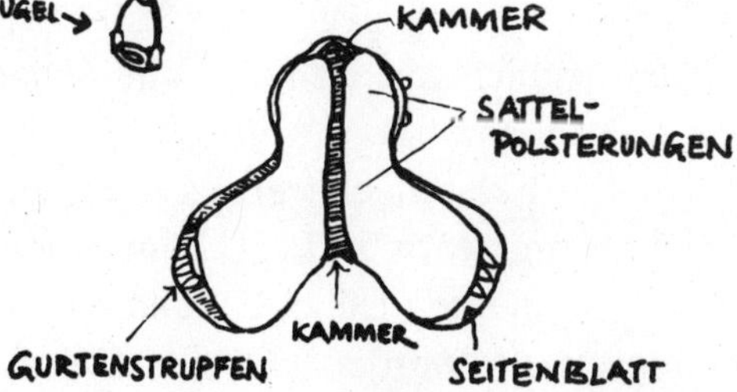

STEIGBÜGEL

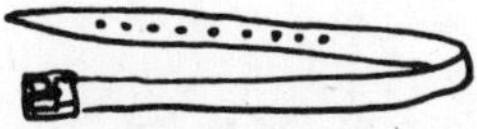

BÜGELRIEMEN

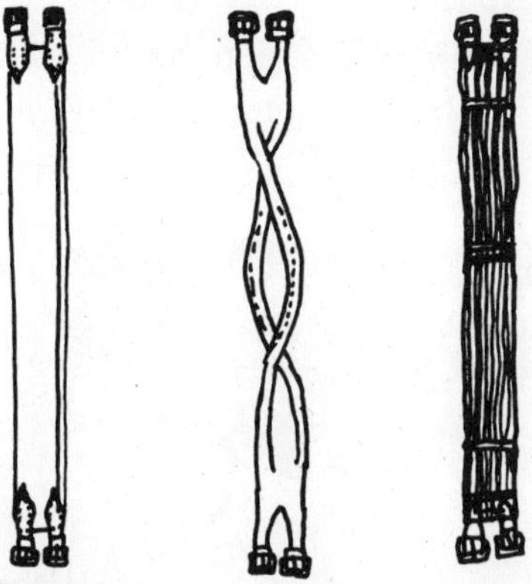

GEFALTETER LEDERGURT

KREUZLEDER-GURT

SCHNUR-GURT

Nun kannst du mich *satteln.* Du holst zunächst den *Sattel* aus der *Sattelkammer* und trägst ihn über deinem linken Unterarm mit dem Vorderzwiesel in deiner Ellbogenbeuge. Mit der rechten Hand hältst du den *Hinterzwiesel.* Lege den Sattel sanft auf meinen Widerrist, knall ihn mir nicht auf den *Rücken!* Laß ihn nach rückwärts gleiten, bis er hinter meinen Schultern in der Mitte meines Rückens liegt. So wird auch mein *Fell* in Richtung des Haarwuchses geglättet. Wenn du den Sattel gegen den Strich schiebst, verfilzt sich mein Haar, und es kann ein *Satteldruck* entstehen. Der Sattel muß weit genug hinter meinen Schulterblättern liegen, damit ich frei ausschreiten kann. Wenn der Sattel zu weit vorn aufliegt, kommt auch der *Sattelgurt* zu dicht an meinen Ellbogen. Dann kann dort meine Haut eingezwickt werden und ein *Gurtendruck* entstehen.

Nachdem du den Sattel richtig aufgelegt hast, sieh nach, ob auch unter dem *Seitenblatt* alles glatt liegt. Geh

in aller Ruhe vor mir oder unter meinem Hals durch auf die andere Seite. Ist auch unter dem rechten Seitenblatt alles glatt, kannst du den *Gurt* hinuntergleiten lassen. Wieder auf meiner linken Seite stellst du dich mit deiner linken Schulter neben meine und schaust in Richtung meiner Kruppe. Nun bückst du dich und greifst unter meinem Bauch nach dem Gurt. Steck ihn durch die Schlaufe des *Martingals,* falls ich eines trage, schnall den Gurt ein, und zieh ihn an. Aber langsam und ein Loch nach dem anderen. Niemals mit einem Ruck alle Löcher auf einmal. Das tut mir weh!

Der Gurt muß so fest angezogen sein, daß du deine flache Hand gerade noch zwischen ihn und meinen Körper stecken kannst.

Nun stecke vier Finger deiner linken Hand gerade unterhalb des Seitenblatts unter den Gurt, und lasse sie langsam an meinem Körper entlang bis zu meinem Bauch gleiten. So glättest du meine Haut, wenn sie sich durch das *Gurtenanziehen* zusammengeschoben hat. *Hautfalten* unter dem Sattelgurt können sehr unangenehm sein und *Druckstellen* verursachen. Manchmal halte ich den Atem an, wenn du den *Gurt* anziehst. Man sagt, ich blase mich auf. Dadurch werde ich dicker. Aber nachdem du aufgesessen bist, muß ich den Atem wieder auslassen, und dann ist der Gurt zu locker. Kontrolliere den Gurt also immer, bevor du aufsitzt.

Wie du auf- und absitzt

Nun kannst du *aufsitzen.* Schnall das *Stallhalfter* los, das du um meinen Hals befestigt hast. Hänge es griffbereit an einen Haken und laß es nicht einfach zu Boden fallen.

Nimm beide *Trensenzügel* ungefähr zehn Zentimeter unter meinem Kinn in die rechte Hand. Führ mich ein bißchen auf und ab, bevor du aufsitzt. Dadurch legt sich der Sattel auf meinem Rücken zurecht, und außerdem muß ich die Luft auslassen, falls ich mich aufgeblasen habe.

Du sitzt von links auf. Stell dich mit deiner linken Schulter dicht an meine linke Schulter und schlüpfe mit dem linken Arm durch den Zügel auf dieser Seite. So sind deine beiden Hände frei, und du hast mich dennoch am Zügel.

Kontrolliere nun den Gurt, vielleicht kannst du ihn noch um ein oder zwei Löcher *nachgurten.* Sitz nie auf, bevor du nicht geprüft hast, ob mein Sattel auch fest gegurtet ist. Sonst findest du dich womöglich auf der falschen Seite deines Pferdes wieder – unten anstatt oben.

Denk daran, die *Steigbügelriemen* zu messen, bevor du aufsitzt. Es ist möglich, daß jemand mit längeren oder kürzeren Beinen den Sattel benützt hat. Wenn du sie vorher nicht kontrollierst und richtest, kannst du in eine unangenehme Lage kommen!

Die *Steigbügel* werden immer am Sattel hochgezogen, damit sie nicht irgendwo hängenbleiben oder gegen meine Flanken schlagen, wenn ich geführt werde. Der rechte könnte dir auch beim Absatteln sehr schmerzhaft gegen den Kopf schlagen.

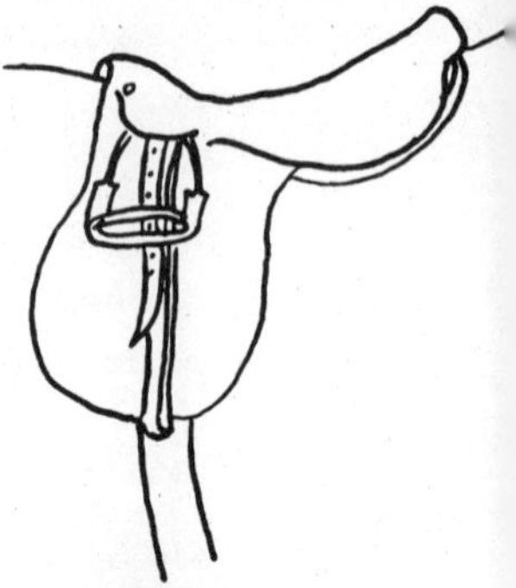

Laß dazu den Steigbügel am unteren *Bügelriemen* bis zum *Bügelriemenhaken* unter dem Deckblatt des Sattels hochgleiten und steck dann beide Riemen von oben nach unten durch den Bügel.

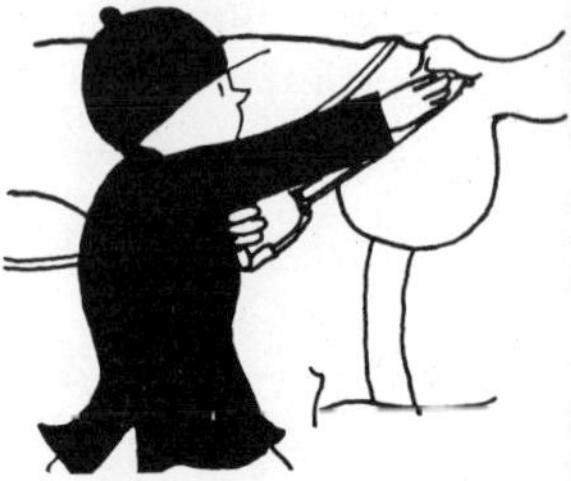

Zieh jetzt den Bügelriemen aus dem Bügel heraus. Nimm den *Steg* in die linke Hand und zieh ihn mit einem Ruck ans Ende des Riemens. Streck deinen Arm aus und leg deine Fingerspitzen an den Steigbügelhaken. Mit der anderen Hand legst du den Bügelriemen an der Unterseite deines Arms entlang. Reicht der Steg des Steigbügels bis in deine Achselhöhle, dann hat der Bügelriemen ziemlich genau die richtige Länge für dich. Auch wenn der Bügelriemen noch nicht ganz genau passen sollte, genügt es, um sicher und gut aufzusitzen. Wenn du dann im Sattel bist, kannst du immer noch die Länge um ein oder zwei Loch ändern. Zum Verkürzen oder Verlängern des Riemens schiebst du die Schnalle bis zur Mitte des Seitenblatts hinunter. Danach mußt du sie natürlich wieder an ihren Platz unter dem Deckblatt befördern.

Dazu ziehst du fest am unteren Bügelriemen. Wenn du vergißt, die Schnalle hochzuziehen, kannst du dir beim Reiten wehtun.

Wenn du vor mir auf die andere Seite gehst, um die Länge des rechten *Bügelriemens einzustellen,* halte meinen linken Zügel in deiner rechten Hand. Bevor du ihn losläßt, greif mit deiner linken Hand nach dem rechten Zügel und schlüpf mit deinem rechten Arm durch. Jetzt kannst du loslassen und hast beide Hände frei, um den Bügelriemen der rechten Seite genauso zu messen und einzustellen, wie du es auf der linken getan hast. Wieder zurück auf meiner linken Seite stellst du dich mit deiner linken Schulter dicht neben meine linke Schulter, mit dem Gesicht gegen meine Kruppe. Nun ist alles bereit zum *Aufsitzen.*

Als nächstes – das ist sehr wichtig – mußt du die *Zügel* so ordnen, daß du mich unter Kontrolle hast, während du aufsitzt. Vergißt du darauf, und ich setze mich plötzlich in Bewegung, während du halb unten und halb oben bist, kann es für dich unangenehm, wenn nicht gefährlich werden.

Die Zügel liegen auf meinem Hals. Jetzt legst du deine linke Hand leicht auf meinen *Widerrist,* ergreifst mit ihr die Zügel und ziehst sie mit der rechten Hand so weit durch, daß sie in leichter *Anlehnung* mit meinem Maul sind. »Anlehnung« ist die Verbindung mit meinem Maul, die du immer haben mußt, wenn du mich reitest.

Nun kannst du mich notfalls mit einem leichten *Anzug* deiner linken Hand daran hindern vorwärtszutreten. Haben die Zügel in deiner Hand nicht die gleiche Länge, wende ich mich beim Weglaufen natürlich nach der Seite des kürzeren Zügels und gehe schließlich im Kreis. Falls ich auch noch die Unart haben sollte, nach dir zu schnappen, kannst du als Vorsichtsmaßnahme den rechten Zügel ein bißchen kürzer nehmen.

Es ist nicht schwierig, vor dem Aufsitzen gleich lange Zügel in die linke Hand zu bekommen. Bei den *Trensenzügeln* ist die Mitte durch eine Schnalle gekennzeichnet, und die *Kandarenzügel* sind in der Mitte zusammengenäht. Nimm also die Schnalle der Trensenzügel oder die Mittelnaht der Kandarenzügel in deine rechte Hand und zieh die Zügel durch die linke Hand, die wie eine kleine Brücke über meinem Widerrist liegt. Wenn du den leichten Widerstand des Gebisses fühlst, hast du die Anlehnung mit gleich langen Zügeln hergestellt. Das Ende der Zügel soll immer über meine rechte Schulter hinunterhängen. Dann ist dir auch die Schlaufe beim Aufsitzen nicht im Weg.

Beim Aufsitzen kannst du dich mit der linken Hand an meinem *Widerrist* oder an einem Büschel meiner *Mähne* festhalten. Das tut mir nicht weh. Es ist, wie wenn man einen jungen Hund an der Haut des Genicks hochhebt. Am *Vorderzwiesel* des Sattels halte dich lieber nicht an, da er, wenn ich einen flachen *Widerrist* habe, leicht verrutscht. Ergreif dann den Steigbügel am oberen Ende, dreh ihn zu dir und steck den linken Fuß hinein. Halte dich, je nachdem wie groß ich im Verhältnis zu dir bin, mit der rechten Hand am Sitz, am *Hinterzwiesel* oder am *Seitenblatt* des Sattels an.

Stoß dich mit dem rechten Fuß ab und dreh dabei deinen linken Fuß nach vorn. Während du dein rechtes Bein über meine Kruppe schwingst, verschiebst du deine rechte Hand auf die rechte *Sattelpausche*. Gib acht, daß dein Fuß nicht meine *Kruppe* streift!

Laß dich nicht mit einem Plumps in den Sattel fallen! Setz dich leicht und vorsichtig hin. Wie sollte ich eine gute Meinung von dir haben, wenn du dich gleich zu Anfang mit deinem ganzen Gewicht auf meinen Rücken fallen läßt. Meine *Nieren* liegen genau unter dem Hinterzwiesel und könnten gequetscht werden. Tritt sachte in den rechten Steigbügel, setz dich zurecht und kontrolliere noch einmal, ob die *Bügelriemen* auch die richtige Länge haben. Schlüpf aus beiden Bügeln heraus und laß die Beine gerade herunterhängen. Bei richtiger Länge der Bügelriemen muß sich der Steg des Steigbügels auf gleicher Höhe mit deinem Knöchelgelenk befinden.

Sitz niemals aus dieser Stellung auf –
Sollte ich gerade nach einer Fliege ausschlagen, würde

ich sicherlich aus Versehen dich treffen; wenn ich aber verärgert bin und absichtlich nach dir schlagen wollte, dann erwische ich dich ganz bestimmt.

Sollte ich mich in Bewegung setzen, bleibst du im Bügel hängen. Du wirst mitgeschleift und kannst schwer verletzt werden. Das darf auf keinen Fall geschehen! Sei also nicht leichtsinnig!

Wenn du aber aus dieser Stellung aufsitzt, bist du vor meinen Hufen sicher.

Du kannst dich immer noch in den Sattel schwingen, selbst wenn ich mich vorwärtsbewege.

Zum *Absitzen* nimmst du die Zügel wieder in die linke Hand und hältst dich an meinem *Widerrist* fest. Mit der rechten Hand stützt du dich vorn auf den Sattel. Nicht die Finger unter den *Vorderzwiesel* stecken – da würden sie eingeklemmt. Nimm den rechten Fuß aus dem Steigbügel und lehne dich nach vorn auf deine ausgestreckten Arme. Schwing dein rechtes Bein über meine Kruppe, so daß es neben dein linkes Bein kommt. Gleichzeitig läßt du deine rechte Hand auf den *Hinterzwiesel* gleiten, damit du dich aufstützen kannst. Nun lehnst du dich im Stütz gerade so weit vor, daß du deinen linken Fuß aus dem Steigbügel

nehmen kannst. Dann läßt du dich mit deinem Körper dicht am Sattel entlang zu Boden gleiten, bis du aufrecht auf deinen Füßen stehst.

Glücklich gelandet, stellst du dich mit dem Gesicht gegen meinen Schweif und schlüpfst mit dem linken Arm durch den Zügel. Dadurch hast du die Hände frei und kannst den Steigbügel hochziehen. Geh vor mir hinüber auf meine rechte Seite und ziehe den rechten Bügel hoch. Geh wieder auf die linke Seite und stell dich neben meinen Kopf. Halte mich, indem du mit deiner rechten Hand etwa fünfzehn Zentimeter unter dem Gebiß in beide Zügel greifst.

Willst du mich gleich wieder reiten und nur für kurze Zeit anhängen, leg meinen *Stallhalfter* über das *Zaumzeug* und binde die *Leine* an das Halfter. Häng mich niemals am Zaumzeug oder am *Gebiß* an. Wenn ich nämlich unruhig werde, zerrt die Leine am Gebiß in meinem Maul. Das tut mir weh, und natürlich beginne ich

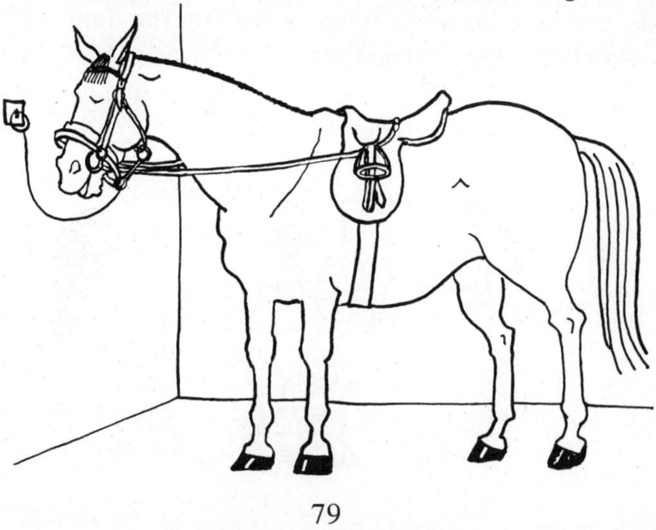

ebenfalls zu zerren, wobei das Zaumzeug reißen kann. Ich würde davonlaufen, und du hättest außerdem noch ein Stück meiner kostspieligen Ausrüstung kaputtgemacht. So etwas soll dir doch nicht passieren!

Wenn du mich gesattelt und gezäumt anhängst, mußt du die Schnalle meiner *Zügel* auf die Mitte des Sattels legen und den hinaufgeschobenen linken Bügel unter den linken Zügel stecken. Dann können die Zügel nicht hinunterfallen, wenn ich meinen Kopf senke. Ich könnte mich mit den Vorderbeinen darin verwickeln und bei dem Versuch, mich zu befreien, sie zerreißen. Stell dich zum *Absatteln* neben meine linke Schulter mit dem Gesicht gegen meine *Kruppe*. Schnall den *Gurt* auf. Wenn ich ein *Martingal* getragen habe, mußt du dich hinunterbeugen und den Gurt aus der Schlaufe des Martingals ziehen. Geh vor mir hinüber auf die rechte Seite, leg den Gurt einmal zusammen und schieb ihn durch die Mitte des hinaufgezogenen *Steigbügels*. So bleibt er während des Absattelns in Ordnung. Geh zurück auf die linke Seite. Schieb deine linke Hand unter den *Vorderzwiesel*, deine rechte unter den *Hinterzwiesel* und hebe den *Sattel* erst in die Höhe und dann zu dir herunter.

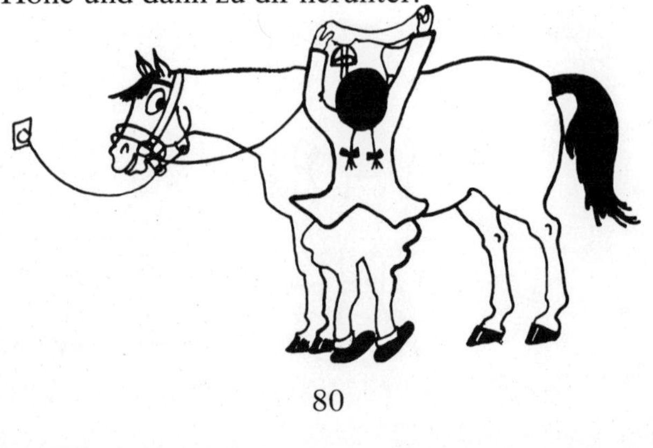

Schleif den Sattel nicht, ohne ihn hochzuheben, über mein *Rückgrat.* Damit kannst du mir weh tun! Trag den Sattel in die *Sattelkammer* zurück, genauso wie du ihn geholt hast, und leg ihn auf den *Sattelhalter* mit dem Vorderzwiesel zur Wand.

Um mir das *Zaumzeug* abzunehmen, schiebst du die Zügel und den Halsriemen des *Martingals,* wenn ich eines getragen habe, bis zu meinen Ohren vor. Schnall das Stallhalfter um meinen Hals und stell dich links neben meinen Kopf mit dem Gesicht nach vorn. Steck deinen linken Daumen unter das *Genickstück,* die Zügel und den Halsriemen des Martingals. Dann schieb alles zusammen über meine Ohren nach vorn. Behalte das Genickstück in deiner Hand und warte, bis ich das *Gebiß* aus meinem Maul gleiten lasse. Es ist sehr wichtig, daß ich mein Maul von selbst öffne.

Mit einer Drehung deines Handgelenks kannst du das Zaumzeug mit dem Stirnriemen zu dir über deinen linken Unterarm rutschen lassen. Martingal und Zügel hängen so ordentlich, wie sie in die

Sattelkammer getragen werden sollen. Nun hast du beide Hände frei und kannst das *Sattelhalfter* über meinen Kopf streifen. Das Zaumzeug wird an seinem Haken in der Sattelkammer mit dem Stirnriemen zu dir aufgehängt.

Auch wenn du *Sattel-* und *Zaumzeug* nach dem Reiten nicht vollständig *reinigen* kannst, solltest du folgende Dinge beachten: Der *Gurt,* notfalls auch die Unterseite der Satteldecke, wenn diese aus abwaschbarem Material ist, werden mit einem feuchten Schwamm von Schweiß, Schmutz und Haaren gesäubert. Das *Gebiß* wird in einem Wassereimer abgewaschen und danach trockengerieben.

Leg mir niemals schmutziges Sattel- oder Zaumzeug oder einen schmutzigen Gurt an. Es sieht nicht nur unordentlich aus, sondern der verkrustete Schmutz kann dort, wo er mich reibt, wunde Stellen verursachen.

Bevor du mich freiläßt, mußt du mich immer mit dem Kopf zum Gatter der *Koppel* wenden und selbst hinaustreten.

Auf diese Weise kann ich dich niemals versehentlich treffen, wenn ich vor lauter Freude über die Freiheit ausschlage. Wenn ich nämlich auf die Koppel komme, fühle ich mich genauso wie du in der Schulpause – ausgelassen und übermütig!

Führst du mich nicht auf die Koppel, sondern in meine *Box* zurück, dann paß auf, wenn du mich durch das Tor lenkst. Stell mich gerade davor auf, damit ich mir nicht meine Hüfte am Türstock anschlage.

Nachdem du mich hineingeführt hast, darfst du nicht gedankenlos den *Führzügel* ausschnallen und an meiner Hinterhand vorbei hinausgehen! Sollte ich aus irgendeinem Grund ausschlagen, würde ich dich treffen. Ich freue mich doch, wieder frei zu sein, oder ich will zum Beispiel einen neugierigen Nachbarn warnen, der seine Nase über die Trennwand der Box steckt!

Führ mich also immer links im Kreis in meiner Box herum, bis ich wieder am Tor angelangt bin. Ist nämlich mein Kopf zu dir gewandt, dann sind meine Hinterfüße in sicherer Entfernung, und du kannst meine Box verlassen und das Tor schließen. So wirst du weder absichtlich noch zufällig getreten. Sei lieber vorsichtig und laß dir Zeit.

Wie du auf mir sitzen sollst

Vorhin habe ich alle Teile meines Körpers beschrieben, damit du verstehst, wie ich mich bewege und mein Gleichgewicht bewahre. Nun wollen wir uns vergewissern, ob du auch weißt, wo deine verschiedenen Körperteile hingehören.

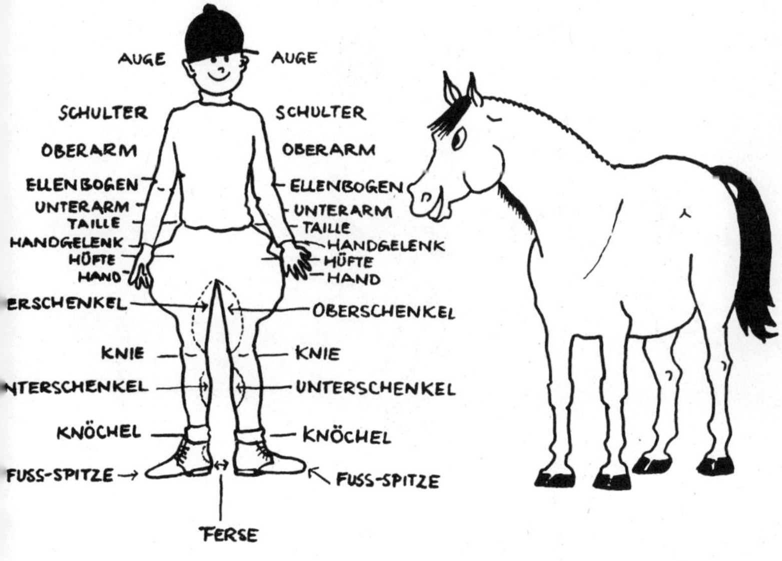

Später sprechen wir darüber, wie du auf mir sitzen sollst und wie du mich mit Hilfe deines Körpers führen kannst. Deshalb kommt es jetzt darauf an, daß du mit dem richtigen Körperteil auf den richtigen Punkt einwirkst und daß du ihn nur bewegst oder einsetzt, wenn es notwendig ist.

Einmal aufgesessen, willst du natürlich auch im *Sattel* bleiben, wobei dein Sitz für mich bequem und angenehm sein soll.

Die meisten Anfänger glauben, am sichersten im Sattel zu bleiben, wenn sie sich irgendwo festhalten, am Sattel, an den Zügeln oder an einem Büschel meiner Mähne. Oder sie versuchen, ihre Beine um meinen Körper zu wickeln. Glaub mir, das hilft dir gar nicht – im Gegenteil, es kann sogar ziemlich gefährlich werden. Du wirst nicht lange auf meinem Rücken bleiben, wenn du dich mit irgendeinem Teil von dir an irgendeinem Teil von mir anklammerst.

Du hältst dich beim Gehen, Stehen oder Laufen doch auch nicht ständig fest, damit du nicht umfällst. Dein *Gleichgewicht* bewahrst du durch deine wechselnde Körperhaltung. Beim Reiten tust du genau das gleiche. Du bedienst dich deiner Körperhaltung, um auf meinem Rücken im Gleichgewicht zu bleiben.

Du hast nur einen Körperteil, mit dem du dich an mir »anhängst«. Das sind die Innenmuskel deiner *Schenkel.* Sie müssen immer dicht am Sattel anliegen. Mit ihnen hältst du dich fest, wenn es nötig ist. Man nennt dies dann deinen *Sitz.*

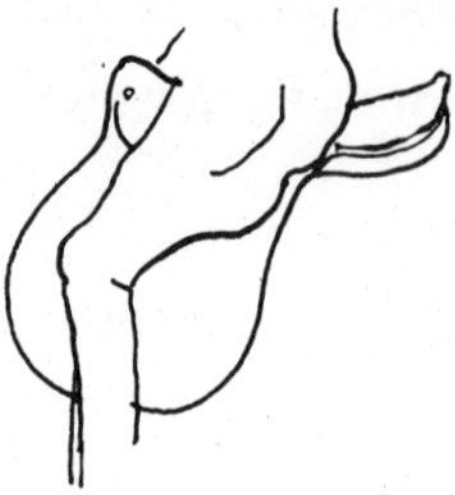

Du solltest deine Schenkel nicht ständig zusammenkneifen wie einen Nußknacker, da du dabei sehr rasch ermüden würdest. Aber du mußt sie immer in der richtigen Lage haben, damit du sie jederzeit gebrauchen kannst.

Beim *Aufsitzen* läßt du dich auf den tiefsten Punkt des Sattels nieder und verlegst dein Gewicht auf deine *Oberschenkel.* Sitz nicht im Sattel wie in einem Schaukelstuhl. Sitz nicht zurückgelehnt und mit deinem Gewicht

am unteren Ende deiner Wirbelsäule. Erstens kannst du dich nicht im Gleichgewicht halten, und zweitens ist es für mich sehr unangenehm.

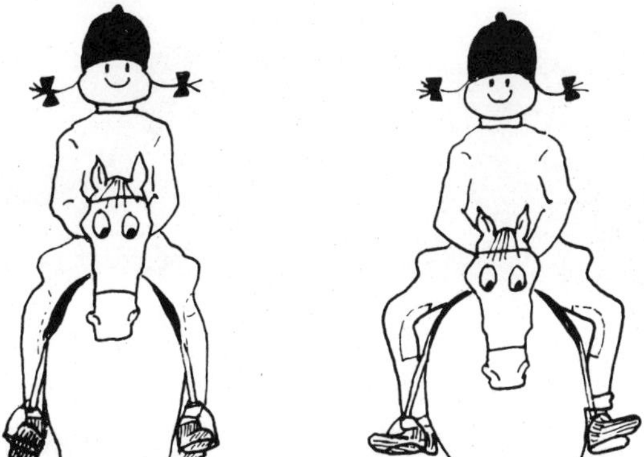

Dein *Knie* muß dicht am Seitenblatt des Sattels anliegen und etwas nach innen gedreht sein. Das nennt man *Knieschluß*. Wenn du deine Knie vom Sattel wegstreckst, liegen auch deine Schenkel nicht an. Folglich hast du keinen Knieschluß und auch keinen festen Sitz im Sattel.

Dein *Unterschenkel* wird nicht zum Anhalten benützt. Er soll frei hängen, denn du brauchst ihn, um auf mich einzuwirken. Sobald du keine *Schenkelhilfe* gibst, soll sich dein Fuß genau unter deinem Knie befinden, so daß der *Steigbügelriemen* gerade hinunterhängt.

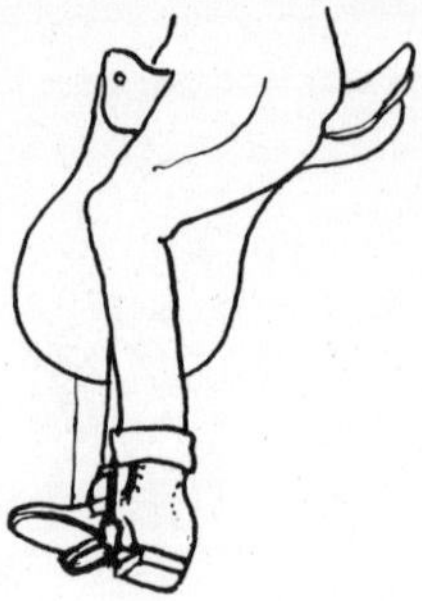

Wenn dein Unterschenkel nämlich so liegt, daß dein *Fuß* weiter vorn oder weiter hinten ist als dein Knie, kannst du dein Gleichgewicht auf meinem Rücken nicht halten. Genauso wenig könntest du auf dem Boden stehen, wenn deine Füße in solchem Abstand vor oder hinter deinen Knien ständen. Versuch's einmal!

Deshalb leg deine Schenkel nicht so an . . .

oder so . . .

Dein Fuß soll mit dem Ballen auf dem Steg des Steigbügels stehen, wobei das Gewicht mehr auf der Innenseite als auf der Außenseite des Fußes liegen soll. Dein *Absatz* muß tiefer sein als die *Fußspitzen.*

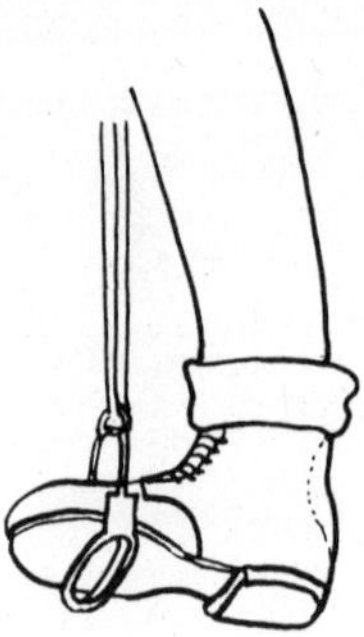

Wenn du dein Gewicht auf die Außenseite deines Fußes verlegst, bewegen sich deine Schenkel vom Sattel weg.

Hebst du die Absätze, gehen deine Fußspitzen nach unten. Das ist zwar genau die richtige Haltung für einen Kopfsprung, aber sicherlich das letzte, was du von meinem Rücken aus machen möchtest.

Dein *Knöchelgelenk* wirkt wie ein Stoßdämpfer. Gleich diesem nimmt es einen großen Teil meiner Bewegung auf, die dich sonst auf meinem Rücken herumschütteln würde. Abwärtsgerichtete Fußspitzen und hochgezogene Absätze machen das Gelenk steif, so daß sich der Stoß meiner Bewegung in deinem Bein nach oben fortsetzt, wo du ihn nicht brauchen kannst.

Du sollst den *Kopf* hochtragen und die Augen über meine Ohren nach vorne richten.

Wenn du auf dem Boden stehst, hältst du dich gerade. Genauso richtest du im Sattel deinen *Oberkörper* auf. Da du jedoch dein Gewicht auf die Oberschenkel gelegt hast – und nicht auf deine »Schwanzfedern« –, soll dein *Rücken* ein wenig hohl sein. Halte deine *Schultern* gerade und wölbe die Brust vor. Sitz dabei aber nicht steif wie ein Denkmal und häng auch nicht im Sattel wie ein Mehlsack!

Dein *Oberarm* soll locker an deinem Körper hinunterhängen. Streck deine Ellbogen nicht weg wie ein flatterndes Küken! *Unterarm* und Zügel sollen von der Seite her gesehen eine gerade Linie von meinem Gebiß zu deinem Ellbogen bilden.

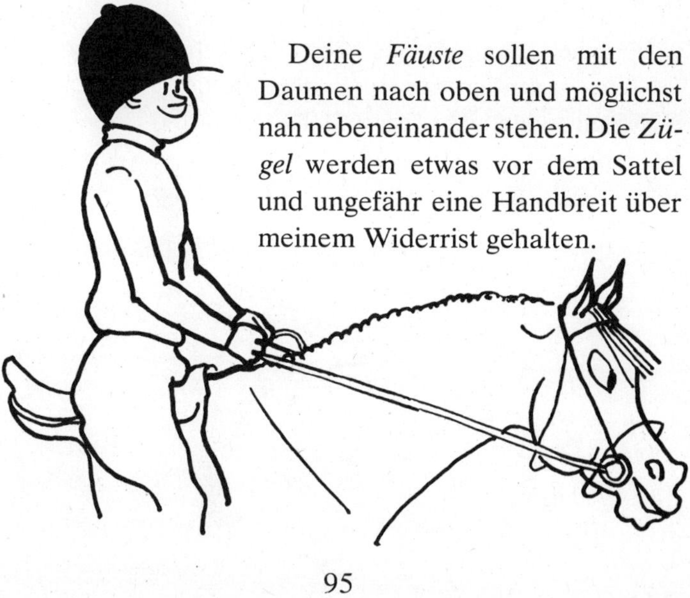

Deine *Fäuste* sollen mit den Daumen nach oben und möglichst nah nebeneinander stehen. Die *Zügel* werden etwas vor dem Sattel und ungefähr eine Handbreit über meinem Widerrist gehalten.

Wenn du nur den *Trensenzügel* verwendest, greifst du ihn so, daß er zwischen dem kleinen Finger und dem Ringfinger und über den Zeigefinger wieder herauskommt. Dort hältst du ihn mit dem Daumen fest, damit sich die Länge des Zügels nicht verändert.

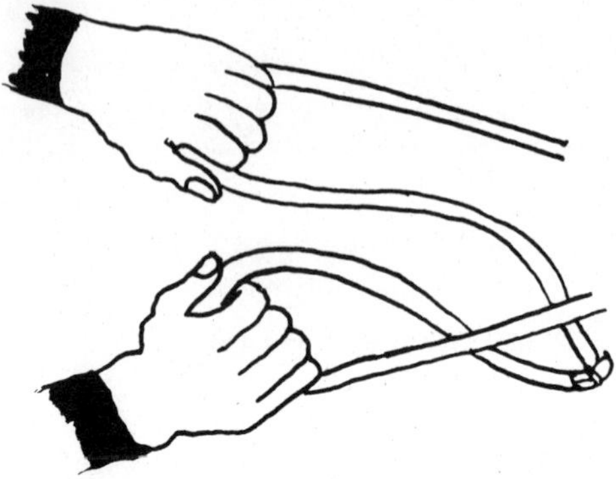

Manche Leute halten den Trensenzügel mit vier Fingern. Dann läuft er unter dem kleinen Finger in die Hand und wird ebenfalls mit Daumen und Zeigefinger festgehalten.

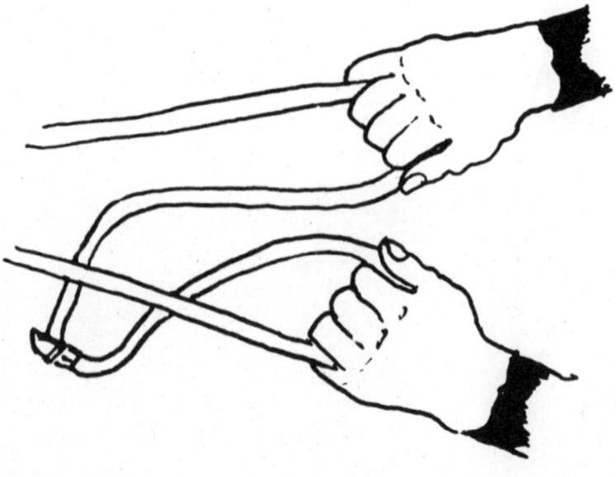

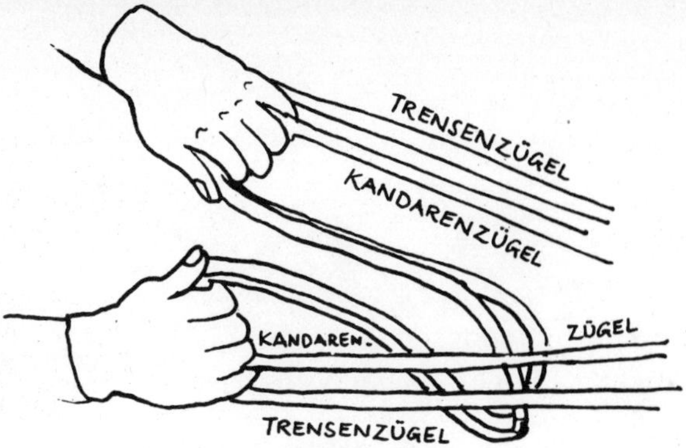

Wenn ich auf *Kandare* gezäumt bin, hast du zwei Zügel in jeder Hand. Dabei wird der Trensenzügel unter dem kleinen Finger in die Hand genommen, während der Kandarenzügel zwischen kleinem und Ringfinger liegt und zusammen mit dem Trensenzügel vom Daumen festgehalten wird.

Zügelverkürzen:

Um den linken *Zügel* zu *verkürzen,* lockere ein wenig den linken Daumen und fasse das Zügelende mit der rechten Hand. Dann zieh den Zügel durch deine linke Hand, bis er die gewünschte Länge hat. Halt ihn mit dem linken Daumen so fest und laß die rechte Hand los.

Den rechten Zügel verkürzt du auf dieselbe Weise, nur mit der linken Hand.

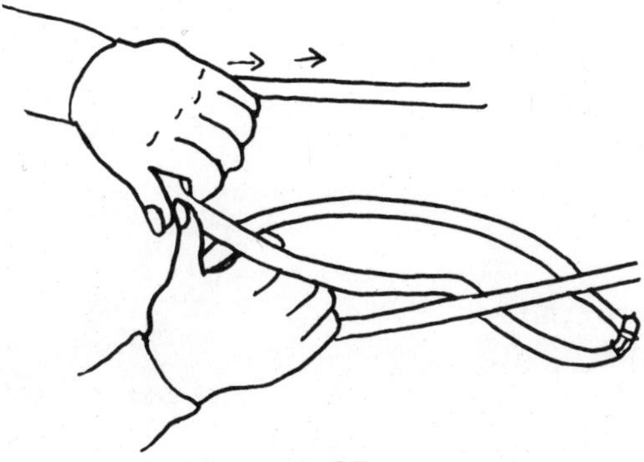

Sei kein schwankender Kohlkopf.
Schau nicht zu Boden. Schau vorwärts.

Sei keine Trauerweide.
Häng nicht vornüber.
Sitz gerade.

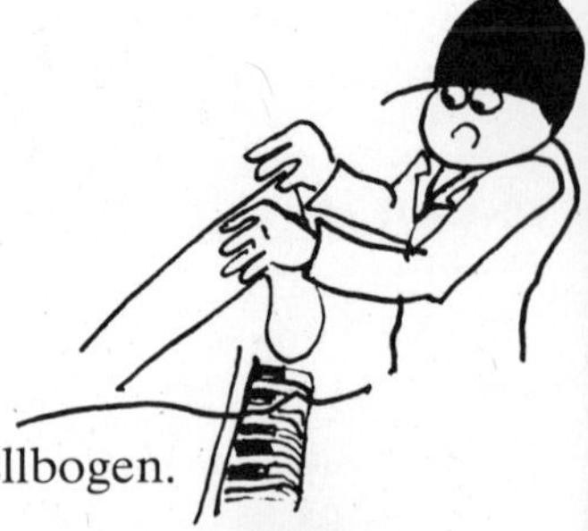

Sei kein Klavierspieler.
Hände niemals höher als die Ellbogen.
Halt die Hände tief.

Sei kein flatterndes Küken.
Streck nicht die Ellbogen weg.
Leg die Ellbogen an.

Sei kein Kapellmeister.
Breite nicht die Arme aus.
Laß die Hände beisammen.

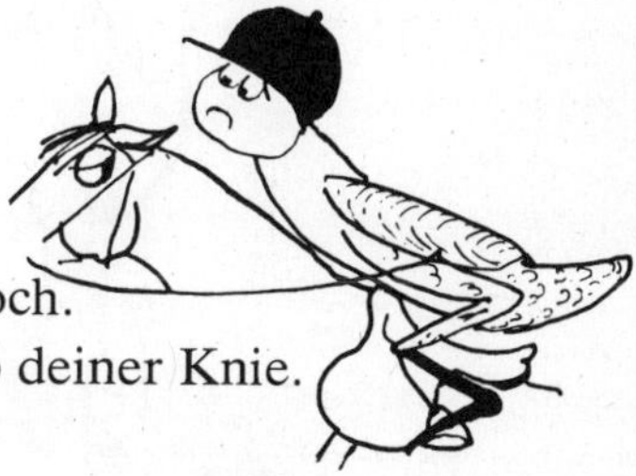

Sei keine Heuschrecke.
Zieh nicht die Füße hinter dir hoch.
Halte die Füße gerade unterhalb deiner Knie.

Sei kein Frosch.
Streck nicht die Knie weg.
Leg die Knie an den Sattel.

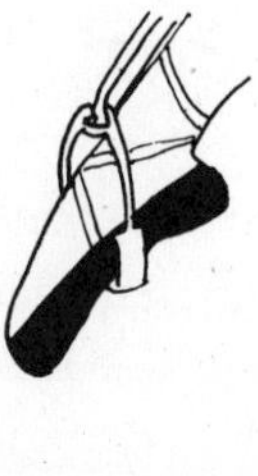

Sei keine Ballettänzerin.
Laß die Fußspitzen nicht hängen.
Fußspitzen höher als der Absatz.

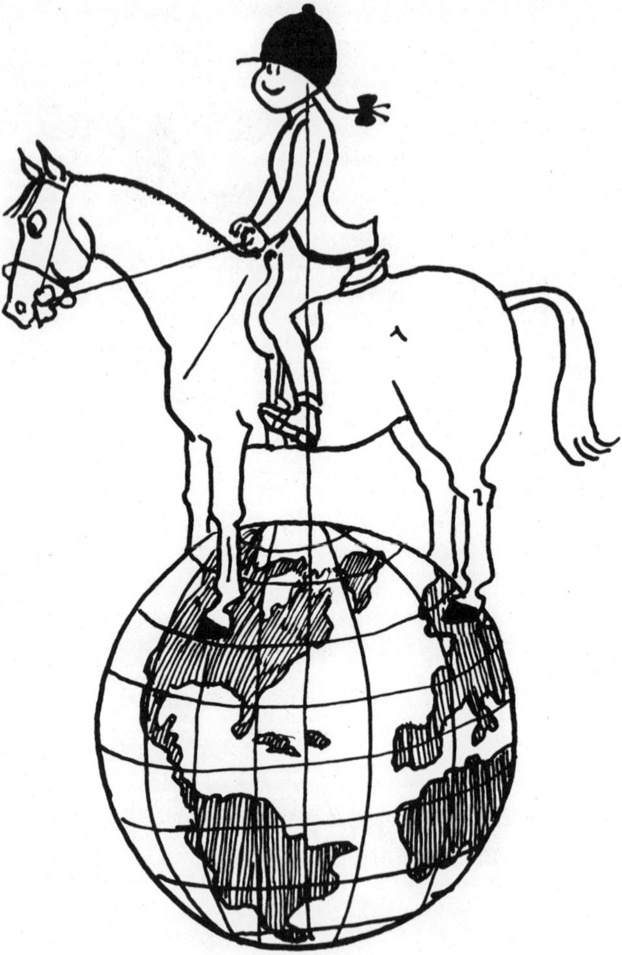

Wenn du in *richtiger Haltung* auf meinem Rücken sitzt, befindet sich dein *Schwerpunkt* genau über meinem Schwerpunkt. Du und ich sind dann im *Gleichgewicht.*

Wie du auf mich einwirken kannst

Nun sitzt du in richtiger Haltung auf meinem Rücken und willst natürlich wissen, was du tun mußt, um mich zu führen. Das heißt, ich soll das tun, was du willst, und nicht das, was mir gerade einfällt. Deine *Einwirkung* soll leicht für dich und angenehm für mich sein. Ich bin nämlich nicht dein Gegner – einer, den du wie bei einem Boxkampf mit Gewalt bezwingen mußt.

Im Gegenteil, ich will dein Tanzpartner sein, der deiner richtigen Führung willig folgt. Vorausgesetzt, daß sie auch richtig ist.

Du darfst mich nicht durch ungenaue Zeichen verwirren. Gib mir die richtigen Anweisungen und Hilfen, und ich werde verständnisvoll mit dir zusammenarbeiten. Wir wollen gute Kameraden sein, die gerne beieinander sind. Wenn du mir aber nicht deutlich zu verstehen gibst, was du von mir erwartest, oder wenn du grob oder ungeschickt bist, dann werde ich mich genauso verhalten wie du in einer ähnlichen Lage. Erst einmal folge ich meinem eigenen Kopf, und dann mache ich meinem Ärger auf irgendeine Weise Luft.

Doch es ist nicht schwer, gut miteinander auszukommen, wenn du weißt, wie mein Körper funktioniert und wie du mit deinem Körper auf mich einwirken kannst.

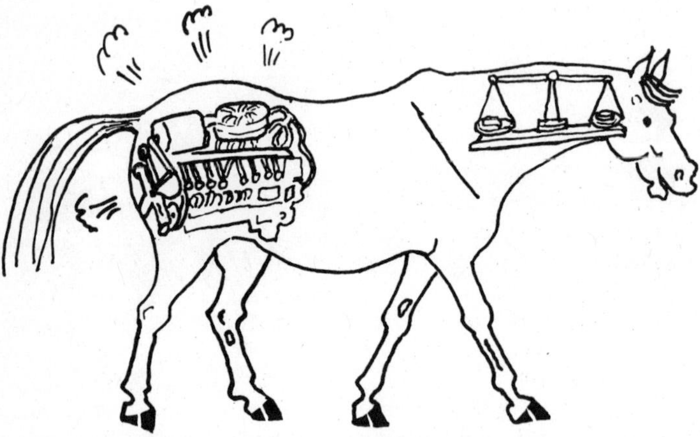

Ich habe meinen »Motor« hinten eingebaut. Meine Kraft und meinen Schwung nennt man *Vorwärtsdrang*. Er kommt aus meiner Hinterhand. Meine *Vorhand* arbeitet wie eine Waage und hält meinen Körper im *Gleichgewicht*. Ich kann Kopf und Hals hoch und tief tragen oder vorstrecken, ganz wie ich es brauche, um mich im Gleichgewicht fortzubewegen.

Wenn ich mich auf meinen Hinterbeinen aufrichten und neben dir hergehen könnte, würdest du mich gleich verstehen. Dir würde klar, daß dein Körper nicht viel anders funktioniert. Auch dein Motor sitzt unterhalb deiner Hüften und schiebt dich vorwärts, und auch du bewahrst dein Gleichgewicht mit Hilfe deines Oberkörpers.

Wenn du auf meinem Rücken sitzt, paßt sich dein Körper von den Hüften abwärts meiner *Hinterhand* an, während dein Oberkörper sich mit meiner *Vorhand* bewegt. Am Anfang mußt du lernen, dich mit mir zu bewegen, vor allem auch, meine Bewegung nicht zu stören, mit der ich mein natürliches *Gleichgewicht* erhalte. Später, wenn du schon mehr Erfahrung hast, kannst du mir helfen, mich noch besser im Gleichgewicht zu bewegen.

Die Hilfen

Du wirkst mit verschiedenen Teilen deines Körpers auf mich ein. Man nennt sie die *natürlichen Hilfen.*

Hier sind vier davon:

Deine Hände, deine Schenkel, dein Gewicht, deine Stimme.

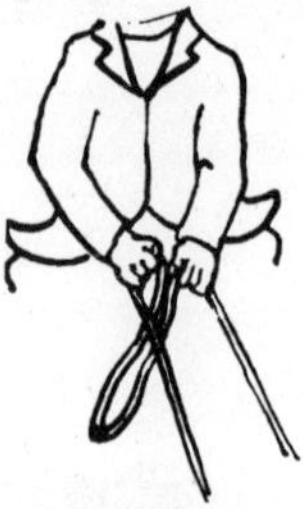

HÄNDE

SCHENKEL

Deine Hilfen müssen sich immer gegenseitig ergänzen. Das heißt, du benützt nie eine Hilfe allein, sondern stets Hände, Schenkel und Gewicht auf irgendeine Weise gleichzeitig, und zwar bei allem, was du von mir verlangst.

Deine Stimme kann manchmal eine sehr wertvolle Hilfe sein.

GEWICHT

Es ist besonders wichtig, daß du mir mit jeder deiner Hilfen gleichzeitig die gleiche Anweisung gibst. Es ist sehr verwirrend und ärgerlich, wenn du mit einer Hilfe sagst »geh!« und mit der anderen »halt!«. In so einem Fall mache ich dann eben, was ich will.

STIMME

Hand- und Zügelhilfen

Mit Hilfe der *Zügel* üben deine Hände einen Druck auf das *Gebiß* in meinem *Maul* aus. Damit wirkst du auf meine *Vorhand* ein und regulierst den Schwung, der aus dem Motor in meiner *Hinterhand* kommt. Mit deinen Händen lenkst du mich, bremst mich und bringst mich zum Stillstand. Du veranlaßt mich, meinen Kopf zu heben oder zu senken, kannst mein *Gleichgewicht* verändern und die Länge meiner Tritte bestimmen.

Deine Hände sollen durch die Zügel stets eine leichte und feinfühlige Verbindung zum Gebiß (= *Anlehnung*) in meinem Maul haben. So bist du immer mit meiner Vorhand in Verbindung.

Sobald du aufgesessen bist, verkürze die Zügel, bis du diese Anlehnung mit meinem Maul hergestellt hast. Halte deine Hände nebeneinander, ein wenig vor dem Sattel und eine Handbreit über meinem Widerrist.

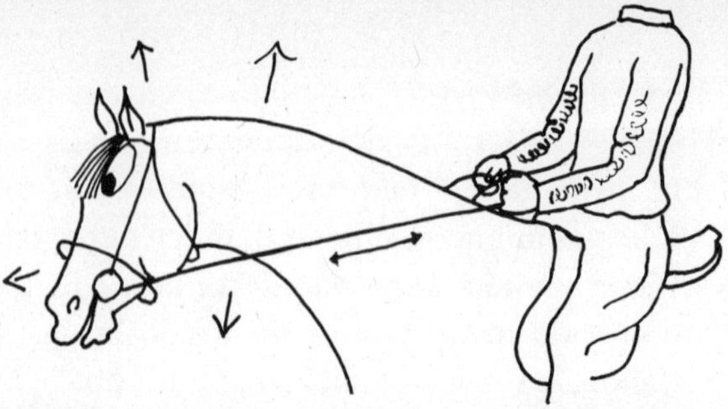

Halte deine Arme entspannt, damit deine Hände den ausgleichenden Bewegungen meines Kopfes und Halses folgen können. Dadurch behältst du immer eine stete und leichte Anlehnung bei, ohne mich in meinem Gleichgewicht zu stören. Denk daran, daß meine Vorhand mir hilft, mich im Gleichgewicht zu bewegen. Tust du das nicht, ist es für mich genauso unangenehm wie für dich, wenn du dich mit an den Körper gebundenen Armen fortbewegen müßtest. Du könntest zwar gehen, aber es wäre schwierig und unbequem für dich, und du hättest dein Gleichgewicht bald verloren. Sicherlich würdest du dich darüber ärgern und alles daran setzen, dich aus dieser unbehaglichen Lage zu befreien.

Behinderst du meine ausgleichenden Bewegungen, werde ich auch versuchen, mich zu befreien. Ich werfe den Kopf hoch oder stoße ihn nach unten, um so die

Zügel zu lockern. Wenn es mir gar zu unangenehm wird, bleibe ich sogar stehen und weigere mich einfach vorwärtszugehen. Kannst du mir das übel nehmen?
Du benützt das *Gebiß,* um auf mich einzuwirken. Also verstärkst du die leichte Anlehnung, die du mit meinem Maul hast, bis ein Druck auf einer oder auf beiden Seiten meines Unterkiefers entsteht. Das nennt man einen *Zügelanzug.* Dieser Zügelanzug soll nur so lange verstärkt werden, bis ich ihm nachgebe. Ich gehorche gern einem leichten, wiederholten und langsam verstärkten Zügelanzug. Aber gegen ein hartes, dauerndes Zerren an meinem Maul wehre ich mich mit aller Kraft.

Du verstärkst den Zügelanzug, wenn du deine Finger fester um die Zügel schließt, dazu (eine Steigerung!) deine Handgelenke eindrehst und dazu (weitere Steigerung!) die Muskeln deiner *Unterarme* etwas anspannst.

Stemm dich nicht gegen den Zügel und zerr nicht an meinem Maul!

Ein ständiges unnachgiebiges Ziehen tut mir im *Maul* sehr weh und macht die Laden in meinem Unterkiefer hart und abgestumpft. Ich verliere das Gefühl im Maul und reagiere nicht mehr richtig auf deinen Zügelanzug.

Wenn du ziehst, dann ziehe ich auch. Bei diesem Wettziehen gewinne ich ganz bestimmt.

Die nachgebende Bewegung deiner Hand erfolgt in Richtung meines Gebisses, die verhaltende gegen deinen Körper. Man nennt sie *nachgebende* und *verhaltende* Zügelhilfen.

Geh mit deinen *Händen* niemals hoch oder auseinander, um den Druck auf mein Maul zu verstärken.

Falls du es doch gemacht haben solltest, dann sind deine Zügel sicherlich zu lang geworden und müssen wieder auf die richtige Länge gebracht werden.

Reite nie mit straff gespannten Zügeln!

Vergiß nicht, daß mir davon das Maul weh tut und abgestumpft wird. Außerdem stört es mein Gleichgewicht.

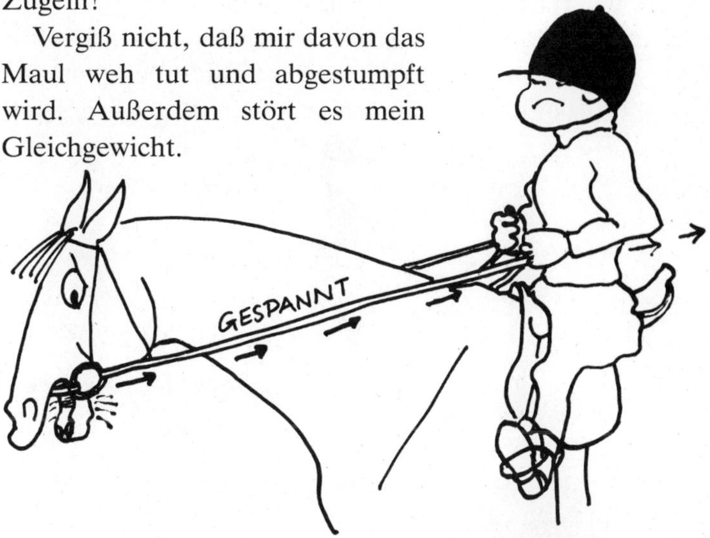

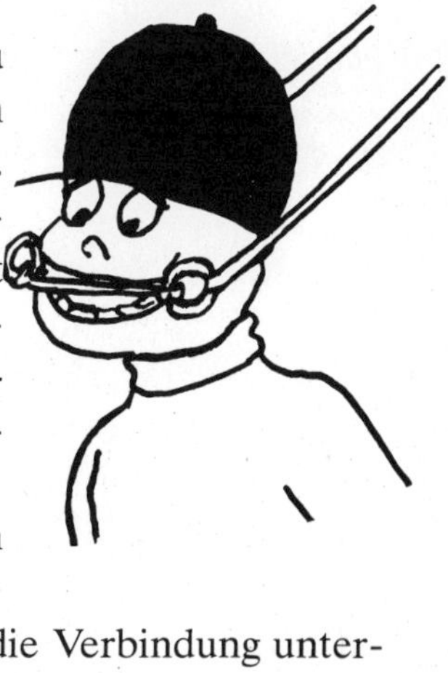

Stell dir nur einmal vor, was du mit einem metallenen Gebiß in deinem Mund empfinden würdest. Dann verstehst du gleich, wie wichtig es für mich ist, daß die Zügel mit leichten, feinfühligen Händen geführt werden und eine leichte *Anlehnung* mit dem Gebiß beibehalten.

Reite nicht mit durchhängenden Zügeln!

Dann ist zwischen dir und mir die Verbindung unterbrochen.

Reite immer in Anlehnung mit meinem Maul!

Schenkelhilfen

Deine Schenkel kontrollieren meine Hinterhand. Du legst deine *Unterschenkel* gegen meine Seiten, unmittelbar hinter dem *Gurt.* Die Schenkelhilfen bestehen aus dem Druck oder dem leichten Klopfen deiner Schenkel.

Beide Unterschenkel zusammen dienen dazu, Energie und Schwung zu erzeugen und aufrechtzuerhalten, damit der »Motor« in meiner *Hinterhand* bewegt wird = *treibende Schenkel.* Die Schenkel können auch benützt werden, Kraft und Schwung zu vermindern = *verhaltende Schenkel.* Ein treibender Schenkel liegt möglichst nah am *Sattelgurt,* ein verhaltender etwa eine Handbreit dahinter. Einzeln werden deine Schenkel auch dazu benützt, meine Hinterhand in eine bestimmte Richtung zu treiben oder zu verhindern, daß sie dorthin geht.

Wie stark der Druck sein muß, den dein Schenkel ausübt, hängt von verschiedenen Dingen ab. So wie Menschen haben auch wir Pferde verschiedene *Temperamente* und Reaktionen. Es gibt träge Pferde, langsame und faule, andere sind einfach stur. Diese Pferde brauchen eine kräftige und stete Einwirkung deiner Schenkel, damit ihr »Motor« in Schwung kommt. Andere Pferde wiederum sind lebhaft und aufgeweckt und begreifen rasch. Für sie brauchst du nur ganz leichte und feinfühlige Schenkelhilfen, um sie in Bewegung zu setzen und ihren Schwung zu erhalten. Natürlich gibt es zwischen diesen beiden Extremen noch eine ganze Reihe von Möglichkeiten. Deshalb beginnst du immer mit ganz leichtem Druck und verstärkst ihn erst, wenn es nötig ist.

Damit meine Seite mit der richtigen Stelle deines Schenkels am richtigen Punkt berührt wird, mußt du sachgemäßen Gebrauch von deinem Knie machen. Du kannst dein *Kniegelenk* nämlich auswärts drehen und damit auch deinen Fuß ganz leicht nach außen. Wenn du so deinen Schenkel anlegst, wirkt er auf meine *Flanken* ein, streift aber nicht an ihnen vorbei.

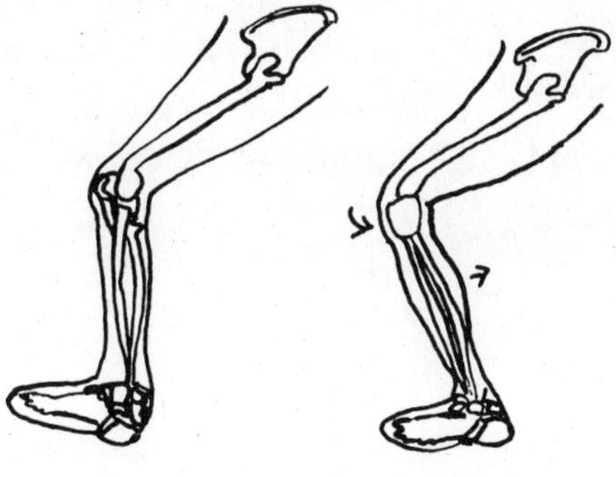

Dein *Unterschenkel* soll erst einmal anliegen und einen Druck erst dann ausüben, wenn ich es brauche. Ich gehorche gern dem rhythmisch wiederholten Anspannen deiner *Wadenmuskeln.* Manchmal brauche ich ein bißchen mehr Aufforderung; dann kannst du deine Unterschenkel ein wenig von meinen Seiten abheben und mich mit einer mehr klopfenden Bewegung vorwärtstreiben.

Aber niemals sollst du deine Schenkel mit Schwung ausholend gegen meine Seiten knallen lassen!

Stell dir vor, plötzlich boxt dich jemand zwischen die Schulterblätter. Du würdest von der Wucht eines solchen Stoßes nach vorwärts getrieben werden. Mir geht es genauso. Bei dieser Art der Fortbewegung verlieren wir beide das Gleichgewicht, ich stolpere womöglich und reagiere heftig. Auf alle Fälle ärgern wir uns sehr darüber.

Dagegen setze ich mich auf einen Druck oder ein leichtes Klopfen deiner Schenkel genauso willig in Bewegung wie du, wenn dich jemand sanft, aber bestimmt an den Schultern vorwärtsschiebt.

Box mich nicht mit deinem Absatz in die Seiten! Du magst es auch nicht, wenn dir jemand zwischen die Rippen pufft!

Laß deine Schenkel nicht herunterhängen wie Spaghetti, sondern gebrauche sie richtig.

Nachdem du meinen Motor gestartet hast, mußt du ihn auch in Gang halten. Die Schenkelhilfen müssen andauern.

Gewichtshilfen

Deine Gewichtshilfen tragen zur Erhaltung meines *Gleichgewichts* bei. Außerdem bestimmst du damit das Tempo meiner Fortbewegung.

Damit du dich auf meinem Rücken im Gleichgewicht halten kannst, mußt du mit meiner Bewegung mitgehen. Du beugst deinen Oberkörper von den Hüften aus leicht vorwärts, je nachdem wie schnell ich gehe. Auch wenn ich das Tempo steigern soll, lehnst du dich mit dem Oberkörper entsprechend vor. Genauso machst du es, wenn du mit der gleichen Geschwindigkeit laufen würdest. Je schneller du läufst, desto mehr beugst du den Oberkörper vor. Nur so bist du im Gleichgewicht.

Wenn du dein Gewicht nach vorn verlegst, fällt es mir leichter, mich schneller zu bewegen. Dann liegt nämlich weniger Gewicht auf dem Motor in meiner Hinterhand. Zusammen mit den Schenkelhilfen bedeutet dieses Vorneigen deines Oberkörpers das Kommando »schnelleres Tempo«.

Um mich zu verlangsamen, nimmst du deinen *Oberkörper* in die ursprüngliche gerade Haltung zurück. Genauso machst du es, wenn du beim Laufen dein Tempo verringerst. Wenn ich auf meinem Motor wieder dein Gewicht spüre, entsteht eine Bremswirkung. Ich weiß, daß deine veränderte Körperhaltung »langsamer werden!« bedeutet, und verhalte mich entsprechend.

Durch deine Gewichtshilfe kann ich bei Wendungen und auf dem Kreisbogen mein Gleichgewicht besser bewahren. Sobald deine Schultern parallel zu meinen Schultern und deine *Hüften* parallel zu meinen Hüften sind, verlagert sich dein Gewicht auf den inneren *Sitzknochen.* Gib acht, daß du besonders auf der Innenseite deinen Absatz tief hinunterdrückst. Gemeinsam mit deinen Schenkelhilfen gibt mir dein Gewicht auf dem inneren Sitzknochen Schwung und läßt mich vorwärtsgehen.

Wenn du deinen Oberkörper weiter vorlehnst als nötig, bringst du mich aus dem Gleichgewicht. Du belastest meine Vorhand zu stark, und ich beginne zu stolpern.

Ebenso falsch ist es, dich mit dem Oberkörper zu weit zurückzulehnen. Auch dadurch geht mein Gleichgewicht verloren, und ich werde langsamer, weil dein Gewicht meinen Motor belastet.

Stimmhilfen

Deine Stimme ist eine große Hilfe im Umgang mit mir. Ich kann zwar nicht verstehen, was du sagst, aber wie du es sagst, spielt eine wichtige Rolle. Sprich dieselben Worte immer im selben Tonfall aus, damit ich weiß, was du von mir willst.

Auf »haaalt« bleibe ich stehen. Auf »Schriiitt« werde ich langsamer. Ein schärferer Ton in deiner Stimme rüttelt mich auf, ein sanfter beruhigt mich.

Wenn ich ängstlich oder aufgeregt bin, sprich mit sanfter Stimme zu mir.

Auf den *Zungenschlag* oder das Zungenschnalzen werde ich meist schneller. Du darfst es jedoch nicht benützen, um mein Tempo zu steigern. Wenn du nämlich allein reitest, wirst du mit der Zeit nachlässig. Du vergißt, daß du deine Schenkel benützen sollst, um mich vorwärts zu treiben, und verläßt dich allein auf deine Stimme.

Wenn du in einer Gruppe reitest, ist es sehr rücksichtslos, mich mit einem Zungenschlag anzutreiben. Deine Stimme wird auch von dem Pferd deines Reiterkameraden gehört, und es könnte glauben, daß sie ihm gelte. So etwas kann den anderen Reiter in ernsthafte Schwierigkeiten bringen.

Schreie oder kreische niemals, wenn du mich reitest. Das erschreckt mich.

Nun bist du über deine vier Hilfen im Bilde und weißt, wie du sie anwenden sollst. Du kannst dich mir nun genau darüber verständlich machen, was du von mir willst. Dieses Verständnis hilft uns, Freundschaft zu schließen und gut zusammenzuarbeiten.

Wie du mich anreitest, führst und anhältst

Bevor du meinen Motor startest und mich in Bewegung setzt, denk daran, daß du auch in *richtiger Haltung* im Sattel sitzt und über meine Ohren hinweg gerade nach vorwärts blickst. Die Anlehnung an das *Gebiß* in meinem Maul soll im gleichen Augenblick zu wirken beginnen, in dem ich meinen Hals bequem nach vorn strecke. Auch sonst mache ich im Schritt den Hals länger, um mich im *Gleichgewicht* zu halten. Allerdings darf mein *Kopf* nicht so tief hinunterhängen, daß sich meine Nase unterhalb meiner Brust befindet. In dieser Stellung hätte ich zu viel Gewicht auf der Vorhand. Versuch einmal, mit vorgestrecktem Hals und hängendem Kopf zu gehen. Da würdest du auch dein Gleichgewicht verlieren.

Meine Nase soll ungefähr auf der Höhe meiner Hüften sein. Von der Seite her gesehen, soll mein *Kopf* fast senkrecht stehen, nur die Nase darf ein wenig vorschauen. In dieser Kopf- und *Halsstellung* bewahre ich am besten mein Gleichgewicht, und du kannst mich am leichtesten führen.

Wenn du willst, daß ich meinen Kopf etwas höher hebe, legst du deine *Schenkel* an meine Seiten an, so als wolltest du mich in Bewegung setzen. Gleichzeitig hältst du diese Vorwärtsbewegung mit den Zügeln auf. Dadurch finde ich die richtige Kopfstellung und nehme Anlehnung an das Gebiß in meinem Maul.

Es ist sehr wichtig, daß bei dieser Zügelhilfe deine *Zügel* gleich lang sind. Sonst wende ich womöglich meinen Kopf nach einer Seite. Wenn du von einem meiner Augen mehr sehen kannst als von dem anderen, ist der Zügel auf dieser Seite kürzer und zieht meinen

Kopf in diese Richtung. Bringe die Zügel in die richtige Länge, damit ich eine gleichmäßige Anlehnung nehmen kann, bevor wir uns in Bewegung setzen. Mein Körper soll vom Kopf bis zum Schweif immer in gerader Linie sein. Das ist sehr wichtig. Nur dann kann ich mich richtig bewegen. Ich gehe unbeholfen und ungeschickt, wenn Kopf und Hals nach einer Seite gedreht sind oder meine Hinterhand nicht auf derselben Linie geht wie meine Vorhand. Du könntest mit verdrehtem Körper auch nicht ordentlich gehen.

Deine Hände führen mit Hilfe der Zügel meinen Kopf und Hals in gerader Linie vor meinen Schultern. Deine Schenkel halten meine *Hinterhand* auf einer Linie hinter meinen Schultern.

Sobald wir beide bereit sind, starte meinen Motor mit beiden Schenkeln gleichzeitig dicht hinter dem Sattelgurt. Du beginnst mit einem leichten Druck deiner Unterschenkel und verstärkst ihn, bis ich mich in Bewegung setze. Das nennt man *anreiten.*

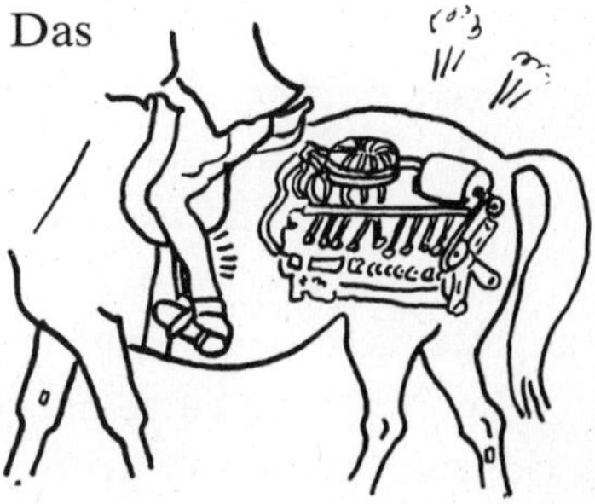

Deine Arme sollen sich entspannen und deine Hände ein wenig vorgehen. Behalte die leichte Anlehnung ans Gebiß, während ich meinen Hals länger mache und ausschreite.

Neige deinen *Oberkörper* ein bißchen vor und passe dich meiner Bewegung an. Beim Gehen auf dem Boden würdest du dich auch etwas vorneigen. Es ist nur eine kleine Veränderung in deiner Körperhaltung, aber sie hilft dir, dein Gleichgewicht zu bewahren. Außerdem bedeutet es eine *Gewichtshilfe* für mich, und ich kann leichter *vorwärtsgehen.* Setz dich so in den Sattel, daß du deine beiden Sitzknochen deutlich spürst. Auch das treibt mich vorwärts.

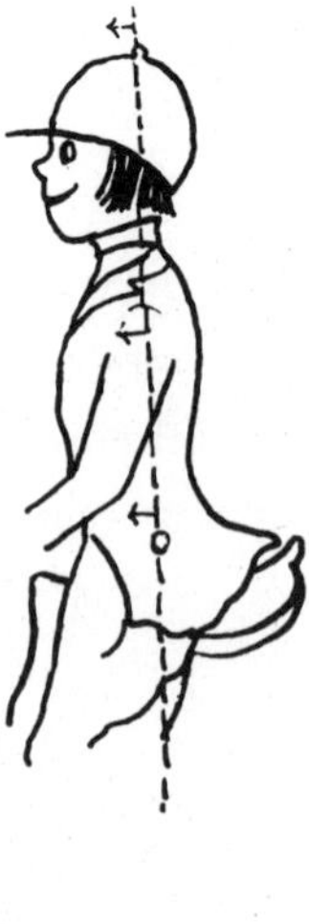

Benütze den Zungenschlag nur, wenn es nötig ist. Aber leise. Nur ich darf es hören!

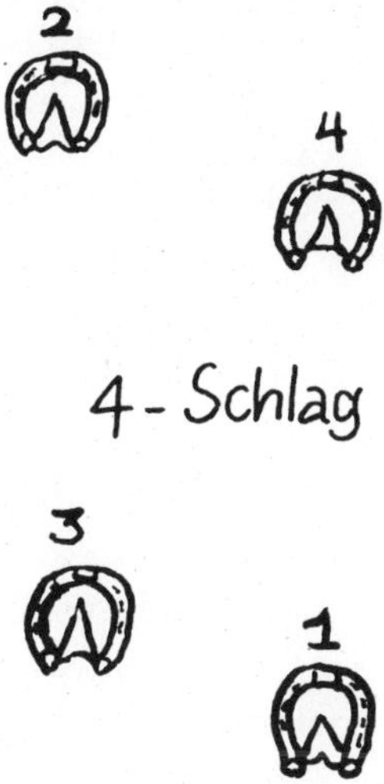

Der Schritt

Wenn du mich anreitest, beginne mit dem ersten und langsamsten Gang, dem *Schritt*. Mein Schritt ist ein »Vier-Schlag«, du kannst vier Hufschläge hören. Zähle mit! Angetrieben von meinem »Motor« macht mein einer *Hinterfuß* den ersten Tritt. Als nächster tritt der diagonale *Vorderfuß* der anderen Seite vor. Als dritter wird der zweite Hinterfuß aufgesetzt, der meinen Körper vorwärtsschiebt. Den vierten Tritt macht nun der andere Vorderfuß.

Im Schritt soll der Hinterfuß mindestens die Hufspur des Vorderfußes derselben Seite erreichen oder darüber hinaustreten.

Ich hebe und senke meine Schultern und Hüften, wenn ich im Schritt gehe. Zusammen mit der Vorwärtsbewegung, die aus meiner Hinterhand kommt, wirkt sich das auf deinen Sitz aus.

Es ist eine leichte Bewegung, wie ein Boot etwa, das sich auf den Wellen wiegt. Sie soll deinen Sitz nicht stören. Deine Oberschenkel sollen nicht am Sattel vor- und zurückrutschen und deine Unterschenkel nicht vor- und zurückschwingen, denn das stört dein Gleichgewicht. Du mußt die Bewegung mit deinem Oberkörper aufnehmen und im gleichen Rhythmus mit meinem Körper mitgehen. Mach dich nicht steif, sonst rutschst du im Sattel herum, und deine Schenkel beginnen zu schwingen.

Mein Kopf und Hals müssen sich auch bewegen können, denn damit erhalte ich mein Gleichgewicht. Deine Hände müssen ihren leichten Bewegungen folgen.

Mit wechselndem leichten Druck deiner Schenkel, erst auf der einen Seite meines Körpers, dann auf der anderen, bestimmst und erhältst du das *Tempo,* in dem ich gehe. Du setzt deine *Schenkelhilfe* immer auf der Seite ein, auf der sich mein einer Hinterfuß eben vom Boden abhebt. Dadurch wird deine Schenkelhilfe erst wirkungsvoll.

Ich gehe in die Richtung, in die mein Kopf zeigt. Wenn ich nun meine Richtung ändern soll, mußt du daran denken, daß ich zwei Enden habe, die gewendet werden müssen...

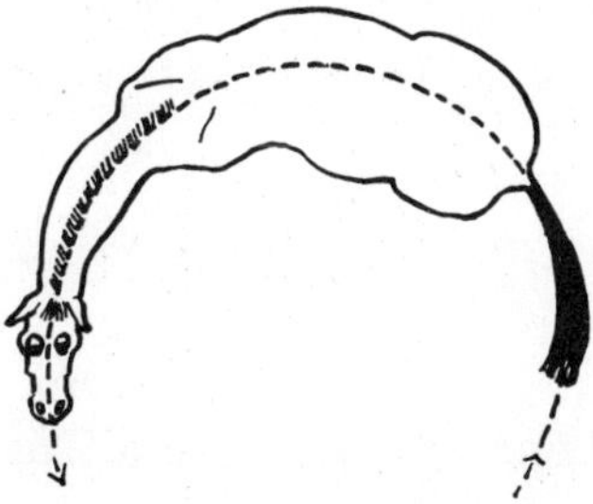

Während du mich mit deinen Händen und Zügeln in die neue Richtung führst, mußt du mit deinen Schenkeln und deinem Gewicht meine Hinterhand auf der gleichen Linie wie die Vorhand halten. Beschreibt die Vorhand eine Kurve, muß ihr die Hinterhand auf derselben Kurve folgen.

Mein Körper ist so gemacht, daß meine Beine nur nach vorwärts oder rückwärts treten können und nicht nach der Seite, so wie deine. Also muß ich nach vorwärts bewegt werden, bevor ich mich *wenden* kann. Versuch nicht, mich nur an meinem Kopf herumzuzerren. Ich könnte mir auf die Füße treten und mich arg verletzen.

Mach also nicht den Fehler, mich aus dem Stillstand zu wenden. Treibe mich erst ein wenig vor.

Du drehst deine Hand mit dem Zügel leicht gegen deine Körpermitte. Dadurch wird mein Kopf in die gewünschte Richtung gewendet. Gleichzeitig gibst du mit der anderen Hand entsprechend nach, worauf der Zügel auf dieser Seite etwas länger wird und ich Kopf und Hals wenden kann. Mit dem inneren Schenkel – das ist der Schenkel an der Seite, nach der du wendest – treibst du meine Hinterhand an, damit sie der Vorhand folgt. Mit dem äußeren Schenkel hältst du meinen Motor ständig in Bewegung, damit ich mich leicht wenden kann. Wenn ich während der *Wendung* langsamer werde, ist es schwierig für dich, mich richtig zu führen, und ich wende nur sehr ungeschickt. Also halte mich durch Druck deines äußeren Schenkels in Schwung.

Während einer *Wendung* hältst du mich mit deiner Gewichtshilfe im Gleichgewicht. Deine Schultern sind parallel zu meinen Schultern und deine Hüften parallel zu meinen Hüften. Dann ruht dein Gewicht fest auf deinen Sitzknochen und folgt der Richtung der Wendung. Dein innerer Absatz muß gut nach unten gedrückt sein.

Als nächstes mußt du lernen, wie du mich langsamer machst und den Motor *anhältst.*

Kontrolliere zuerst deinen Sitz im Sattel, damit du für den *Tempowechsel* auch sicher und fest sitzt. Nimm dann deinen Oberkörper in die Haltung zurück, die einer verringert-en Geschwindigkeit entspricht. Willst du mich ganz zum Stehen bringen, nimmt dein Oberkörper wieder seine ursprüngliche aufrechte Haltung an. So bleibst du bei einem Tempowechsel im Gleichgewicht und benützt deine Gewichtshilfe, um mich zu verlangsamen.

Drück deine Sitzknochen fest in den Sattel und leg die Schenkel am Gurt an meine Seiten. Gib dabei abwechselnd anziehende und nachgebende *Zügelhilfen.* Das heißt, zieh den Zügel kurz und weich an und gib sofort wieder nach. Überzeuge dich, daß die Zügel nachgegeben haben, wenn ich zum Stillstand gekommen bin. Bevor du überhaupt durch den Zügelanzug auf die *Laden* meiner Unterkiefer drückst, laß mich durch deine *Stimme* wissen, daß ich langsamer werden oder stehenbleiben soll. Ich weiß, daß mich das Wort »Schriiitt« zum Langsamerwerden auffordert. Es bereitet mich auf deine anderen Hilfen vor. Solltest du einmal einen Zügel oder einen Steigbügel verlieren, hilft dir ein nachdrückliches »Schriiitt«, die Lage zu meistern. In Reitprüfungen, zum Beispiel in Dressurprüfungen, ist es nicht erlaubt, Stimmhilfen zu verwenden. Aber in den meisten anderen Fällen sind sie ein gutes und sicheres Verständigungsmittel.

Auch wenn du in einer Gruppe reitest, kannst du »Schriiitt« oder »Haaalt« zu mir sagen. Dadurch entstehen keinerlei Schwierigkeiten für die anderen Reiter, auch wenn das Pferd deines Kameraden ebenfalls langsamer wird. Das Langsamerwerden ist für niemanden gefährlich, kritisch dagegen wird es für den anderen, wenn deine Stimme sein Pferd schneller macht.

Beginne mit deinen *verhaltenden* Hilfen lange genug vor dem Punkt, an dem du mich anhalten willst. Denk daran, daß es eine Zeit dauert, bis ich deine Aufforderung verstanden habe, und eine weitere Zeit, bis ich ihr folgen kann. Je schneller ich gehe, desto länger braucht mein Motor, um langsamer zu werden und zum Stillstand zu kommen.

Versuch also nicht, im letzten Augenblick hart auf die Bremsen zu treten. Das klappt auf keinen Fall!

Sobald ich stehe, soll ich auch gleichmäßig auf meinen vier Beinen *stehen.* Mein Körper soll in sich gerade sein. Und du sollst nicht nach vorne fallen, sondern aufrecht im Sattel sitzen.

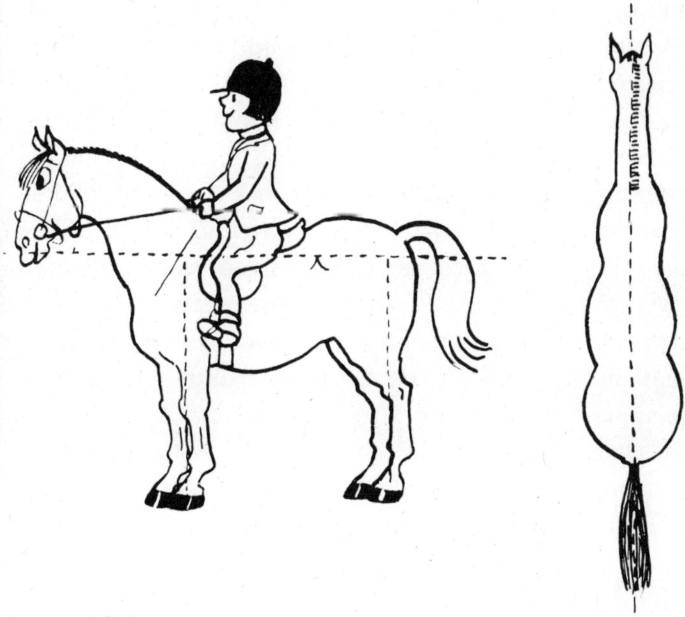

Am Anfang reitest du am besten auf einem Platz, der von einem Zaun oder einer Mauer umgeben ist, etwa auf einem Hof, einer Koppel oder einem eingezäunten *Reitplatz.* Hier kannst du ungestört den richtigen Sitz im Sattel und die Anwendung deiner Hilfen üben. Reite mich nicht hinaus über Felder und Wiesen oder über

Straßen, bevor du nicht ganz fest im Sattel sitzt und deine Hilfen richtig anwenden kannst und dazu noch sicher bist, daß ich deine Hilfen verstehe. Reite auch nicht mit anderen Reitern aus, die nicht wissen, daß du erst wenig Erfahrung hast. Sie reiten vielleicht zu schnell und auf Wegen, die für einen Anfänger wie dich zu schwierig sind. Vermeide alles, was mich aufregen oder ängstlich machen könnte oder mich zum Davonstürmen veranlaßt. Dann bekommst nämlich auch du Angst und behältst nicht die Nerven, die du brauchst, um mich zu lenken.

Oft genügt der Anblick eines weiten, freien Felds, und ich bekomme Lust, meine Beine zu strecken und einmal ordentlich zu galoppieren. Auf einem eingezäunten Platz weiß ich gleich, daß ich immer nur rund herum laufen kann. Da komme ich gar nicht erst auf den Gedanken davonzustürmen. Nach ein oder zwei Runden habe ich alles gesehen, was es auf dem Reitplatz zu sehen gibt, und weiß auch, daß mich keine unerwarteten Dinge oder Geräusche erschrecken könnten. Auf einem Ausritt ist das ganz anders. Da begegnen wir bellenden Hunden oder hoppelnden Hasen oder gar hupenden Autos, die auf den Straßen dahinrasen.

Auf einem Reitplatz ist der *Boden* eben oder soll es möglichst sein. Du brauchst also nicht auf Gräben, Steine, Löcher oder Unebenheiten zu achten, wie das bei einem Ausritt notwendig ist. Wenn du bergauf und bergab reitest, mußt du außerdem deine Haltung im Sattel dem Gelände anpassen und stärkere Hilfen anwenden. Das alles wäre noch zu schwierig für dich.

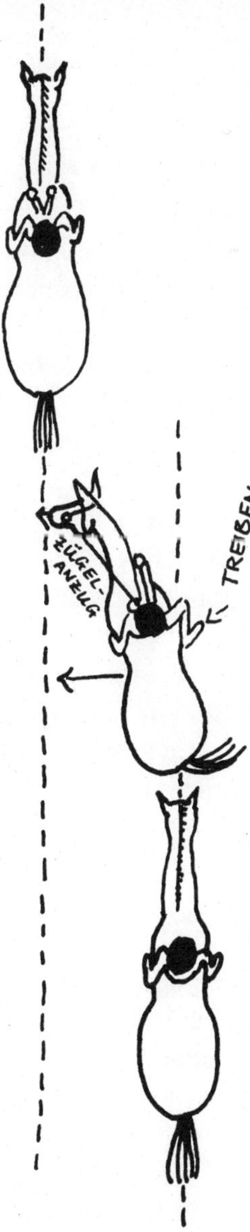

Reite auf dem Reitplatz an der Wand oder am Zaun entlang. Hier fällt es dir leichter, mich gerade zu reiten, was sehr wichtig ist. Diese Linie entlang der inneren Begrenzung eines Reitplatzes heißt *Hufschlag*.

Reite nicht dichter als zwei *Pferdelängen* hinter einem anderen Reiter her. Sein Pferd könnte *ausschlagen* und dich und dein Pferd verletzen. Bleib nicht auf dem Hufschlag stehen, sonst kommt der Reiter hinter dir in Schwierigkeiten. Außerdem mußt du dann meinen Motor wieder in Gang bringen.

Wenn niemand hinter dir reitet, kannst du *abwenden*, einen Kreis reiten und wieder an derselben Stelle auf den Hufschlag zurückkommen. So hältst du einen sicheren Abstand zwischen mir und dem Pferd vor uns. Oder du wendest ab und reitest auf die andere Seite des

Reitplatzes und an eine Stelle, wo du nicht zu dicht hinter einem andern Pferd bist.

Sind noch andere Reiter gleichzeitig mit dir auf dem Reitplatz, mußt du bestimmte *Regeln* beachten. Auch für Autos gibt es auf den Straßen bestimmte Regeln.

Willst du näher an die Einzäunung herankommen, dann gib deine Zügelhilfe auf der Seite der Wand und führe meine Vorhand in diese Richtung. Deine Schenkelhilfe setzt du auf der anderen Seite ein und treibst meine Hinterhand genau hinter meine Vorhand herüber.

So wichtig es für deine Kontrolle über mich ist, wo du mich reitest, so wichtig ist es, wie du dich beim Reiten anziehst. Von deiner *Kleidung* kann es abhängen, ob du sicher und fest im Sattel sitzt und deine Hilfen richtig einsetzen kannst – oder ob die Kleidung dich daran hindert.

Reithosen erfüllen ihren Zweck. Meist sind sie aus Wolle oder einem anderen Material, das am Leder des Sattels haftet und es dir leicht macht, gut im Sattel sitzen zu bleiben. Sie haben einen besonderen Schnitt oder sind dehnbar, so daß genügend Platz für die Bewegung der Hüfte oder Knie gegeben ist und verhindert wird, daß sich die Hosenbeine verdrehen oder am Bein hochkriechen. *Jodhpurhosen* reichen bis über die Knöchel und werden mit *Stiefeletten* getragen. Sie können für alle Arten des Reitens verwendet werden und eignen sich besonders gut für Anfänger und junge Reiter, die noch im Wachsen sind.

Durch die Hosenbeine aus Stoff kannst du die Bewegungen meines Körpers fühlen. Das ist bei hohen *Reitstiefeln* nicht so leicht, außer du besitzt Stiefel aus

feinem weichen Leder, die dir genau passen. Sie müßten nach deinen Maßen angefertigt sein und sind natürlich ziemlich teuer. Weil deine Füße größer und deine Beine länger werden, müßtest du alle sechs Monate neue Stiefel kaufen.

Die *Stiefeletten* für die *Jodhpurhosen* haben eine dicke Sohle und einen festen Absatz. Das brauchst du, damit du deinen Fuß richtig in den Steigbügel stellen kannst und darin Halt findest. Sie sind auch noch so hoch, daß deine Knöchel nicht am oberen Rand des Bügels scheuern. Es gibt sie fertig und in verschiedenen, auch preiswerten Ausführungen zu kaufen, so daß es nicht so schlimm ist, wenn du herauswächst und sie weggeben mußt.

Trage beim Reiten immer eine schützende *Kopfbedekkung*. Die *Reitkappe* muß gut sitzen, um dich bei einem Sturz vor Schaden zu bewahren. Reite niemals ohne Reitkappe!

Du kannst jede *Jacke* tragen, die bequem ist und dich nicht beengt. Wenn du einmal so weit bist, um an Wettbewerben oder Jagdritten teilnehmen zu können, brauchst du ein richtiges *Reitsakko,* für den Sommer aus leichtem Stoff, für die kalte Jahreszeit aus einem Wollstoff.

Bei warmem Wetter trägst du ein Polohemd aus Baumwolle. Ein Rollkragenpullover ist das richtige für kühle Tage. Du kannst ihn auch unter einer Jacke tragen. Zu einem richtigen Reitsakko gehört ein Hemd mit Krawatte. Ein *Jagdrock* wird mit einer weißen *Halsbinde* getragen, die man *Plastron* nennt.

Vielleicht besitzt du zu Anfang nur Blue Jeans oder irgendwelche langen Hosen. Du solltest aber so bald wie möglich billige Jodhpurhosen kaufen. Der glatte Stoff von gewöhnlichen Hosen rutscht am Sattel, und du hast keinen festen und sicheren Halt, wenn ich trabe oder galoppiere.

Wenn du anfangs keine Jodhpurstiefel hast, kannst du feste Schnürschuhe mit dicker Sohle nehmen. Leichte flache Schuhe wie Mokassins sind nicht geeignet. Sie rutschen dir von den Fersen, und bei dem Versuch, sie am Fuß zu behalten, streckst du deine Fußspitzen hinunter und die Absätze in die Höhe. Ganz schlecht sind Schuhe ohne Absätze. Sie geben dir in der Sohle keinen Halt, und dein Fuß rutscht leicht durch den Steigbügel, besonders, wenn der ein bißchen zu groß ist.

Wie du mit mir trabst und mich rückwärts richtest

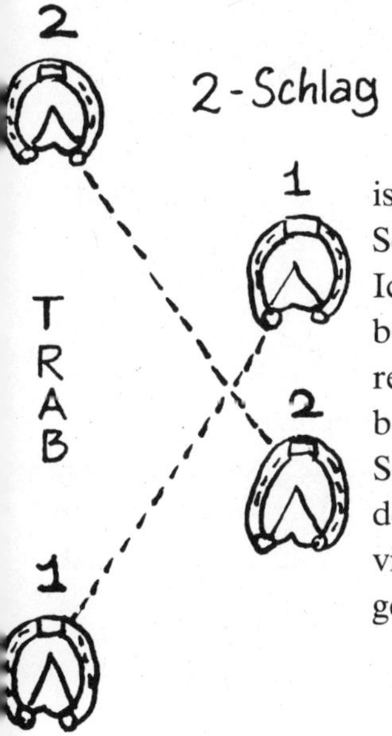

Meine nächstschnellere Gangart ist der *Trab.* Dies ist ein »Zwei-Schlag«. Du hörst zwei Hufschläge: Ich setze gleichzeitig ein Hinterbein und das Vorderbein der anderen Seite auf. Auf diese Weise bewege ich mich schneller. Der Schwung aus meiner Hinterhand, der mich im Trab vorwärtstreibt, ist viel stärker als im Schritt. Ich bewege meine Beine auch schneller.

Zunächst wirst du den Trab für unbequemer halten als den Schritt. Vielleicht wird er dich am Anfang sogar aus dem Sitz bringen. Also mußt du zuerst lernen, wie du im *Gleichgewicht* bleiben und sicher im Sattel sitzen kannst, wenn ich trabe.

Mein Schritt ist wie das langsame Schaukeln eines Bootes, das vor Anker liegt und sich sanft auf den Wellen wiegt. Aber nun kommt dein Boot in die Brandung und rollt von einer Seite auf die andere. Es wird hochgehoben und schlägt im Wellental auf. Es wird wieder hochgehoben und tanzt auf den Wellen. Paß auf, daß du nicht kenterst.

Im Trab habe ich eine andere *Kopf- und Halsstellung* als im Schritt, um mich im Gleichgewicht zu halten. Ich hebe meinen Kopf und mache meinen Hals etwas kürzer.

Beobachte mich, wenn ich einmal frei auf der Weide herumtrabe. Du siehst, daß das meine natürliche Gleichgewichts-Haltung ist. Durch die veränderte Kopf- und Halsstellung verändert sich auch die Länge der *Zügel.*

Die Zügellänge, die für den Schritt recht war, ist im Trab für die richtige Anlehnung zu lang. Deshalb mußt du die Zügel etwas verkürzen, bevor du vom Schritt in den Trab übergehst. Es ist wichtig, daß du deine Hände dabei möglichst ruhig hältst.

Zum *Antraben* mußt du mit deinen *Schenkelhilfen* meinen Motor beschleunigen. Du legst beide Schenkel gleichzeitig an meine Seiten und verstärkst den Druck, bis ich antrabe.

Wie immer sollen deine *Hände* eine leichte gleichmäßige Anlehnung mit dem *Gebiß* in meinem Maul halten. Im Trab bewege ich meinen Kopf und Hals viel weniger auf und ab als im Schritt. Deshalb sollst du deine Hände besonders ruhig halten. Laß dich nicht dazu verleiten, sie wie Pumpenschwengel auf- und abzuschwingen. Halte sie dicht über meinem *Widerrist.* Dort gehören sie hin.

Je nach dem Tempo meines Trabs verlegst du dein Körpergewicht nach vorn, etwa so, wie du dich vorneigst, wenn du läufst. Wenn du jetzt traben willst, hast du hoffentlich deine Schenkel-, Zügel- und Gewichtshilfen genügend geübt und kannst sie richtig einsetzen. Jetzt solltest du nämlich schon so weit sein, meinen Motor ohne Zungenschlag in Bewegung zu setzen und in Schwung halten zu können.

Setz dich fest in den Sattel, bevor du in diese lebhaftere Gangart übergehst. Beim Antraben und während der ersten Tritte sitzt du den Trab aus. *Aussitzen* heißt, daß du dich von meiner Bewegung nicht aus dem Sattel heben läßt. Das ist nicht so einfach, denn der Trab ist eine viel stärkere Bewegung als der Schritt. Alles geht jetzt noch schneller.

Gib acht, daß deine Unterschenkel nicht hin- und herschwingen und deine Oberschenkel nicht im Sattel herumrutschen. Halte deine Beine ruhig. Die Füße müssen unterhalb der Knie und die Schenkel dicht am Sattel sein. So kannst du

diese neue Bewegung mit deinem Oberkörper abfangen. Nachdem ich ein paar Tritte getrabt bin, versuchst du nun, deinen Oberkörper nur jeweils von einem meiner Hinterbeine hochheben zu lassen.

Das nennt man *Leichtreiten, Leichttraben* oder *Englischen Trab.* Laß dazu deinen Oberkörper vom Schwung eines meiner abstoßenden Hinterbeine leicht nach vorn und oben und dich damit etwas aus dem Sattel heben. Du befindest

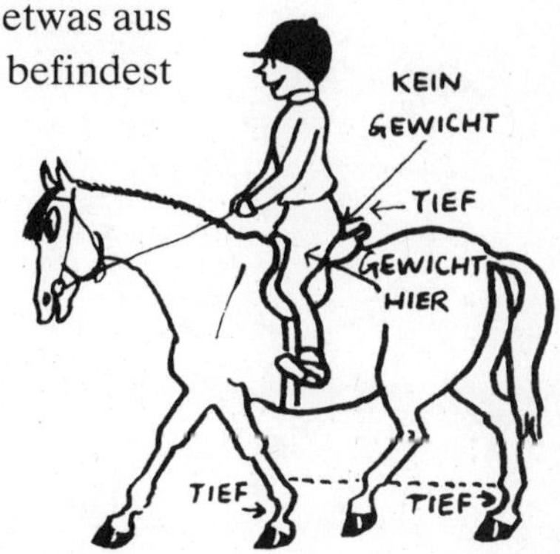

dich dann gerade über dem Sattel, wenn mein anderer Hinterfuß auftritt. Wenn dein Gesäß dann wieder in den Sattel zurückgekehrt ist, wirst du erneut vom Schwung desselben Hinterbeins hochgehoben, das dich bereits vorhin hochgehoben hatte. Du mußt darauf achten, daß du dein Gewicht mit deinen Oberschenkeln auffängst, wenn du in den Sattel zurückkommst, und dich nicht mit einem Plumps auf das Ende deines Rückgrats fallen läßt.

Das rhythmische Hochgehen mit dem Schwung, der jeweils von einem meiner Hinterbeine kommt, ist das Kennzeichen des Leichtreitens. Wie immer mußt du auch im Trab so tief wie möglich und so nah wie möglich am Sattel sitzen, damit du deine Sicherheit und dein *Gleichgewicht* behalten kannst.

Der Schwung, den dir die Hinterhand gibt, ist nach Kraft und Tempo bei jedem Pferd oder Pony, das du reiten wirst, verschieden. Er ist abhängig von der »Motorstärke« des Pferds und von seinem »Gebäude«, das heißt von seinem Körperbau. Von manchen Pferden wirst du nur sehr wenig vom Sattel

gehoben. Andere wieder geben dir einen starken Stoß, besonders dann, wenn es dir nicht gelingt, den Schwung zu mildern und zu dirigieren. Das Leichttraben ist richtig, wenn du nicht zu hoch vom *Sattel* gehoben wirst. Stemm dich vor allem nicht in die Höhe, sondern laß dich vom *Rhythmus* meiner Bewegung hochheben, sonst machst du nämlich mehr als dein Pferd.

Leg deine *Oberschenkel* fest an den Sattel, um nicht zu weit nach vorn gehoben zu werden, und setz dich mit etwas nach vorn gedrücktem Gesäß mehr auf die Oberschenkel als auf die Sitzknochen. Das Leichttraben soll eine geschmeidige Bewegung sein und kein Auf- und Abhopsen mit gesträubten Schwanzfedern! Werfe ich dich jedesmal, wenn ich mich mit meinen Hinterbeinen abstoße, hoch aus dem Sattel, dann hast du deine »Schwanzfedern«, das heißt also dein Gesäß, sicherlich nicht genug eingezogen.

Wenn dein Fuß im *Steigbügel* die richtige Haltung hat, wirkt dein *Knöchelgelenk* wie ein Stoßdämpfer und hilft dir, meine rüttelnde Trabbewegung aufzunehmen. Du kannst diese Bewegung teilweise von deinem Oberkörper zu den Knöchelgelenken ableiten. Während du dich beim Leichtreiten vom Sattel abhebst, drückst du deine Absätze gleichzeitig tief hinunter. So fängt dein »Stoßdämpfer« im Knöchel die Bewegung auf. Neben deinem Oberkörper sind also die Knöchelgelenke eine zweite Möglichkeit, den Schwung meiner Trabbewegung aufzufangen und abzuleiten. Mit hinuntergedrücktem Absatz behältst du auch einen besseren und tieferen Sitz im Sattel.

Leichtreiten heißt also, mit meiner Trabbewegung mitgehen, so daß du dich sicher fühlst und im Gleichgewicht hältst. Wenn du im gleichen *Rhythmus* mit mir bist, ist das Traben leicht und bequem.

Leider glauben manche Anfänger, daß das Auf und Ab das Wichtige beim Leichtreiten sei. Sie denken, daß diese Bewegung vom Reiter selbst gemacht werden muß. Sie stemmen die Füße in die Steigbügel und hopsen im Sattel auf und ab wie ein Frosch, der von einem Seerosenblatt weghüpft. Das ist ganz falsch. So ein Reiter sitzt nicht sicher im Sattel und macht es sich selbst schwer, sein Pferd im Trab zu beherrschen und zu führen. Du machst doch so etwas nicht!

Wenn du dich in den Steigbügeln hochstemmst, verlierst du deinen sicheren Sitz. Auch dein Oberkörper wird zu weit nach vorn geworfen. Das gleiche geschieht, wenn du die Füße weiter hinten als deine Knie in die *Steigbügel* stemmst. Streckst du hingegen die Füße zu weit nach vorn, fällt dein Oberkörper nach rückwärts, und dein *Gleichgewicht* geht vollends verloren.

Verwechsle den Steigbügel nicht mit einer festen Plattform, auf die du dich mit steifen Knöchelgelenken stützt. Wenn du dich im Trab selber auf- und abstemmst, bist du mit mir nicht im gleichen Rhythmus. Außerdem verschwendest du deine Kraft und Energie ganz umsonst.

Da sich meine diagonalen Beine im Trab gleichzeitig bewegen, wirst du also vom Sattel abgehoben, wenn sich mein rechtes Hinterbein gleichzeitig mit meinem linken Vorderbein vom Boden abstößt. Läßt du dich in den Sattel nieder, setzen gerade mein rechtes Hinterbein und mein linkes Vorderbein wieder am Boden auf. Man sagt, du trabst auf dem rechten Hinterfuß. Setzt du dich aber beim *Auffußen* meines linken Hinterfußes und meines rechten Vorderbeins hin, dann reitest du auf dem linken Hinterfuß.

Wenn du wissen willst, auf welchem Fuß du leichtreitest, mußt du meine *Schultern* beobachten. Sie heben und senken sich im Takt der Bewegung. Hebst du dich in dem Augenblick aus dem Sattel, in dem sich die rechte Schulter senkt, dann reitest du auf dem rechten Hinterfuß. Senkt sich die linke Schulter, trabst du auf dem linken Hinterfuß. Willst du den Fuß wechseln, auf dem du leichtreitest, brauchst du nur einen Tritt auszusitzen und dich dann von dem nächsten *Trabtritt* aus dem Sattel heben lassen. Reitest du einen Kreis – man nennt ihn auch *Zirkel* – oder eine Wendung, um die Richtung zu wechseln, solltest du immer auf dem inneren Hinterfuß traben. Es ist leichter für mich, dich auf einem Zirkel zu tragen, wenn du auf dem richtigen Hinterfuß trabst.

Beim Ausreiten auf Wegen oder Straßen oder querfeldein solltest du von Zeit zu Zeit den *Fuß wechseln,* auf dem du trabst, damit ich meine Beine und die Muskeln meines Rückens gleichmäßig benützen kann.

Mit deiner *Schenkelhilfe* trabst du mich an, hältst mich in Bewegung oder verstärkst mein Tempo. Leg beide Schenkel gleichzeitig an meine Seiten, wenn du dich beim Leichtreiten wieder in den Sattel niederläßt. Das gibt mir Schwung für meinen nächsten Trabtritt.

Bevor du mich vom Trab in den *Schritt* nimmst, hörst du mit dem Leichttraben auf und sitzt den Trab wieder aus.

Mit tiefem Sitz und fest angelegten Schenkeln bringst du deinen *Oberkörper* wieder in die aufrechte Haltung, die für den Schritt richtig ist.

Nimm deine *Stimme* zuhilfe, wenn du mein Tempo verringern willst. Dann weiß ich schon, was kommt, bevor du die anziehenden und nachgebenden *Zügelhilfen* anwendest.

Sobald ich in den Schritt übergehe, strecke ich meinen *Hals*. Du mußt also in den Zügeln etwas nachgeben, damit du in dieser Gangart wieder die richtige *Anlehnung* ans Gebiß herstellst.

Leichtreiten lernen ist ungefähr so wie Eislaufen oder Radfahren lernen. Am Anfang sieht es schwierig aus, aber wenn du dich bemühst, wirst du es schnell lernen. Und kannst du es einmal, wirst du gar nicht mehr darüber nachdenken.

Rückwärtsrichten

Damit ich ohne Schwierigkeit *rückwärts treten* kann, muß ich erst einmal gerade und gleichmäßig auf allen vier Beinen stehen.

Ich trete in derselben *diagonalen Trittfolge* zurück, die ich beim Trab benütze. Mein linkes Hinterbein tritt gleichzeitig mit meinem rechten Vorderbein zurück. Danach setze ich mein rechtes Hinterbein zurück und im gleichen Takt das linke Vorderbein.

Um mich zurücktreten zu lassen, mußt du erst die Haltung im Sattel einnehmen, mit der ich mich in Bewegung setze. Dazu treibst du mich mit deinen *Schenkel- und Gewichtshilfen* vorwärts. Aber ehe ich vortreten kann, verhinderst du das durch verstärkte Zügelanzüge und lenkst meine Bewegung nach rückwärts statt nach vorwärts. Mit anderen Worten, du legst deine Schenkel an und startest meinen Motor, während du mit den *Zügeln* die Kraft nach rückwärts leitest.

Ich soll immer auf einer geraden Linie rückwärtstreten. Wenn meine *Hinterhand* nach rechts ausweicht, mußt du deinen rechten Schenkel knapp hinter dem Gurt anlegen, um mich gerade zu halten. Wenn sie nach links ausweicht, mußt du mich mit deinem linken Schenkel auf die gerade Linie bringen.

Ich soll meine Beine mit deutlichen Tritten zurücksetzen und nicht zurückkriechen.

Zerre mich niemals mit den Zügeln zurück!

Anfangs übst du am besten jeweils nur ein oder zwei Tritte *Rückwärtsrichten.*

Zum Halten soll ich gerade und auf allen vier Beinen kommen. So kann ich jederzeit nach vorwärts antreten.

Wie du mit mir galoppierst und springst

Meine dritte natürliche Gangart wird *Galopp* genannt. Dies ist ein »Drei-Schlag«, bei dem ich meine Beine in dieser Fußfolge aufsetze:

Ich stoße mich mit einem meiner Hinterbeine ab. Dann folgen das Vorderbein auf derselben Seite und das andere Hinterbein gleichzeitig; zuletzt kommt das andere Vorderbein. Jetzt befinden sich alle vier Beine einen Augenblick lang in der Luft. Diesen Augenblick nennt man *Schwebe*.

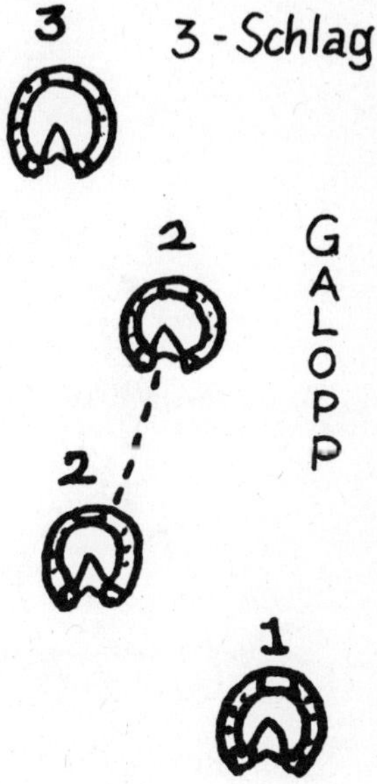

Nun stoße ich mich wieder mit dem Hinterbein ab, das den ersten Sprung machte, und springe mit den anderen Beinen in derselben Fußfolge nach.

Zum Beispiel . . .

1. Das linke Hinterbein allein stößt mich ab.
2. Das rechte Hinterbein und das linke Vorderbein schwingen gemeinsam mein Gewicht vorwärts, bis …
3. das rechte Vorderbein das Gewicht übernimmt und mich vom Boden abstößt, so daß alle vier Beine einen Augenblick lang in der Luft sind. Ich lande …
1. auf dem linken Hinterbein, das mich wieder abstößt und so weiter …

Der Galopp wird in *Rechtsgalopp* und *Linksgalopp* eingeteilt, je nachdem mit welchem Vorderbein ich jeweils vorgreife. Man sagt auch, ich galoppiere auf dem rechten oder auf dem linken Fuß.

Auf dem *Zirkel,* das heißt auf dem Kreisbogen soll ich auf dem Fuß galoppieren, der nach der Innenseite des Zirkels gewandt ist. So kann ich mein *Gleichgewicht* besser halten.

Im Galopp halte ich mich von Natur aus nicht ganz gerade. So wie du hüpfst, biege auch ich meinen Körper etwas seitwärts. Schulter und Hüfte auf der Seite des vorgreifenden Vorderbeins sind ganz leicht vor Schulter und Hüfte auf der anderen Seite. Ich wende den Kopf etwas in die Richtung, in die ich galoppiere, und auch meine Hinterhand strebt ein wenig in diese Richtung.

Im Galopp bewege ich mich in einer Reihe von Sprüngen vorwärts, die dir keine Schwierigkeit bereiten, dein Gleichgewicht zu halten. Es ist eine sehr bequeme Gangart, die dir wegen ihres rhythmischen Schwungs ein höchst angenehmes Gefühl gibt. Für mich ist es ganz leicht, vom Trab in den Galopp überzugehen. Du kannst das oft beobachten, wenn ich mich auf der Weide tummle.

Aber du wirst nicht viel Glück haben, wenn du dasselbe versuchst, indem du mich nur immer schneller und schneller traben läßt.

Beim Reiten mußt immer du die *Führung* übernehmen. Du mußt bestimmen, wann und wo und mit welchem Tempo wir zu galoppieren beginnen und auf welchem Fuß ich galoppieren soll.

Damit du mich wirklich unter Kontrolle hast, beginnst du den Galopp am besten aus dem Halt, das heißt wenn ich stillstehe, oder aus dem Schritt.

Aus dem Trab anzugaloppieren ist für dich nicht so leicht. Die Chancen sind sehr gering, mich genau dort anzugaloppieren, wo du es haben willst, oder den Fuß zu bestimmen, auf dem ich angaloppieren soll. Auch würde ich mehr oder weniger in den Galopp hineinstolpern, wenn du mich bloß immer schneller trabtest. Ich hätte zu viel Gewicht auf meiner Vorhand und verlöre mein Gleichgewicht – und du natürlich auch. Alles in allem wäre dies eine recht grobe und unbefriedigende Art, den Galopp zu beginnen.

Ganz am Anfang, wenn du gerade erst galoppieren lernst, magst du es für nötig halten, mich aus dem Trab in den Galopp übergehen zu lassen. Aber je früher du lernst, mich richtig aus dem Halt oder dem Schritt angaloppieren zu lassen, desto eher wirst du bestimmen können, wo, wann und wie ich galoppiere.

Am leichtesten fällt mir der erste *Galoppsprung*, wenn ich vorher etwas »versammelt« werde. In der *Versammlung* kann ich meinen Körper mit der geringsten Anstrengung bewegen, weil mein Motor mit Energie geladen ist. Mein *Unterkiefer* ist entspannt und gibt willig deinem *Zügelanzug* nach.

Du hast mich sicher schon oft so ganz natürlich versammelt auf der *Weide* gesehen. Meine *Hinterhand* scheint mit besonderer Kraft geladen zu sein. Sie ist leicht gesenkt, und meine Hinterbeine treten kräftig unter meinen Körper. Dadurch nehmen sie mehr Gewicht auf als sonst. Ich hebe meinen Kopf und wölbe meinen *Hals*. Meine *Vorhand* ist so leicht geworden, daß die Vorderbeine kaum den Boden zu berühren scheinen. Aus dieser Versammlung kann ich rasch und mühelos in jede *Gangart* übergehen.

In der Versammlung habe ich mehr Kraft in der Hinterhand, und meine Vorhand hat mehr Freiheit, sich zu bewegen. Mein ganzer Körper zieht sich zusammen wie ein gespannter Bogen. Ich schnelle wie ein Pfeil ab und kann mit größter Leichtigkeit in den Galopp übergehen.

Um mich zu versammeln, mußt du deine *Schenkel* anlegen, um die nötige Energie in meinem Motor zu erzeugen. Gleichzeitig bändigen deine verhaltenen *Zügelhilfen* diese Energie bis zu dem Augenblick, in dem ich galoppieren soll. Diese verhaltene Kraft läßt meine Hinterbeine weiter unter meinen Körper treten, wobei sich meine Hinterhand ein wenig senkt. Dadurch wird meine Vorhand entlastet, Kopf und Hals richten sich auf, und ich gebe auf deinen leichten Zügelanzug im entspannten *Kiefer* nach, wodurch sich mein *Genick* beugt. Mein *Unterkiefer* ist nämlich mit dem Genick in Verbindung. Er ist direkt hinter meinen *Ohren* »aufgehängt«. Wenn nun die Muskeln, die ihn bewegen, sich entspannen, dann können meine Kiefer deinen Zügelanzug leicht annehmen.

Du kurbelst meinen Motor an, indem du deine Schenkelhilfen kräftig am Gurt einsetzt. Du fühlst, daß ich in einer schnelleren Gangart vorwärtsgehen möchte, doch deine verhaltenden Zügelhilfen hindern mich, in den Trab überzugehen. Dieser Vorwärtsdrang richtet meinen Kopf und Hals auf, bis meine Vorhand ganz leicht wird. Das nennt man *Aufrichtung*. Du kannst das in den *Zügeln* fühlen, und es bedeutet, daß ich jetzt schön und leicht angaloppieren werde.

Der Moment, in dem ich aus dem Halt oder aus einer Gangart in den Galopp übergehe, heißt *Angaloppieren*. Darauf mußt du dich vorbereiten!

Als erstes setz dich fest in den Sattel, wie du es jedesmal vor einem Wechsel der Gangart, des Tempos oder der Richtung machen sollst.

Im Galopp richte ich meinen Kopf etwas auf, wodurch mein Hals kürzer wird als im Schritt oder im Halt. Du mußt also, bevor ich angaloppiere, die Zügel verkürzen, damit sie ihre Anlehnung behalten.

Die Aufrichtung von Kopf und Hals entsteht durch die *Schwungkraft* in meiner Hinterhand, die du mit deinen treibenden Schenkelhilfen erzeugst.

Versuch ja nicht, mit den Zügeln meinen *Kopf* hochzuziehen!

Die Haltung deines Körpers soll unverändert bleiben, bis ich in den Galopp übergegangen bin. Zum Ausgreifen soll meine Vorhand möglichst wenig Gewicht tragen, denn ich muß sie in den ersten Galoppsprung hineinheben können. Wenn du mit deinem Oberkörper nach vorn über meine Schulter hängst, belastest du meine Vorhand und erschwerst mir, vorne auszugreifen. Du kannst diesen Fehler bei vielen Reitern sehen. Bleib aufrecht im Sattel sitzen, bis ich angaloppiert bin.

Zur Vorbereitung des Angaloppierens müssen deine Zügel- und Schenkelhilfen immer zusammenwirken.

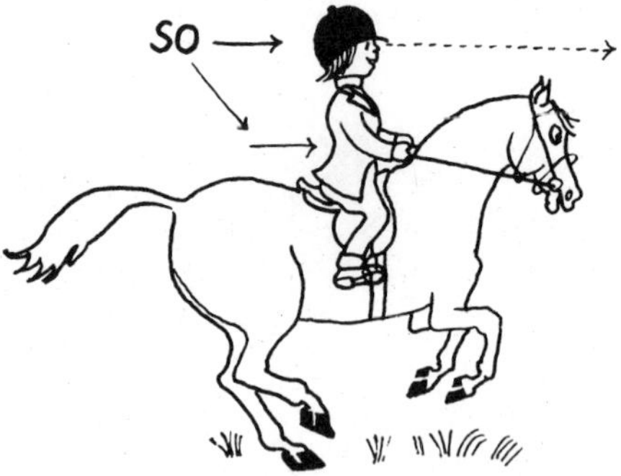

Soll ich rechts angaloppieren, bleibt dein rechter Schenkel am *Gurt,* während sich dein linker Schenkel etwas hinter dem Gurt anlegt. Dadurch wird mein Körpergewicht auf mein rechtes Hinterbein verlagert. Das linke Hinterbein kann sich nun abstoßen, so daß ich am rechten Vorderfuß angaloppiere. Richte meinen Kopf mit dem rechten Zügel etwas nach rechts und gib dann die Zügel gerade so viel nach, daß sich mein Vorwärtsdrang entladen kann: Ich galoppiere ohne Zögern an.

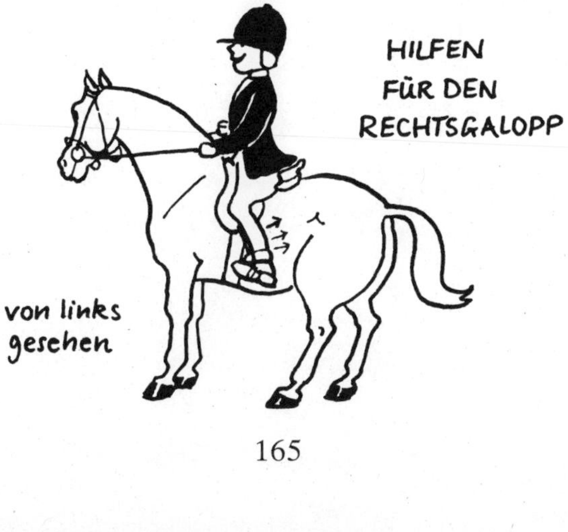

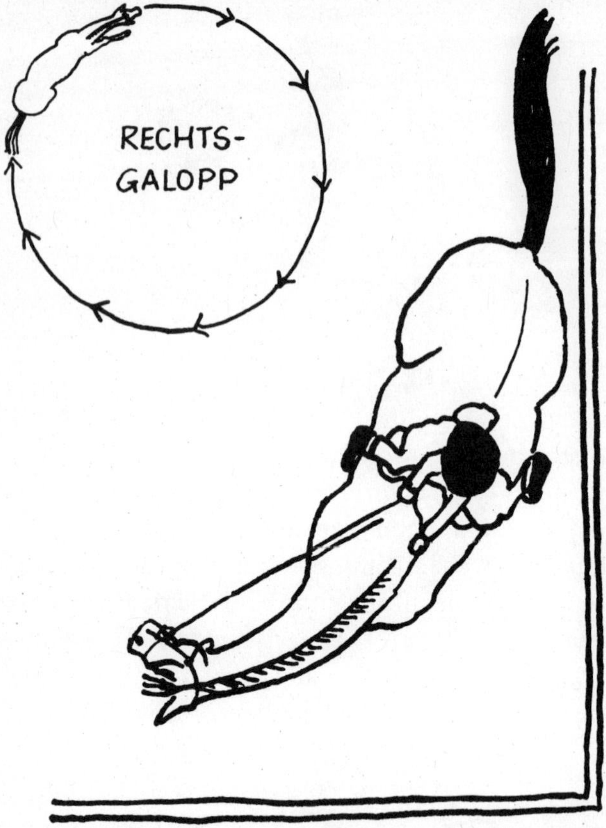

Am Anfang übst du die Anwendung deiner Hilfen am besten auf dem *Zirkel.* Du galoppierst auf dem Fuß an, der zur Mitte des Zirkels gewandt ist, also immer auf dem inneren Fuß.

In einer *Reitbahn* oder auf einem abgegrenzten Platz ist es sehr hilfreich, in einer Ecke anzugaloppieren, denn dort hat mein Körper die richtige Haltung für den Galopp.

Du wirst sehen, der Galopp ist eine schöne Gangart und leicht zu reiten. Du sitzt nicht anders als im Schritt. Deine Schenkel behalten ihre Lage an den Gurten. Dein Sitz bleibt fest im Sattel, während dein Oberkörper dem *Rhythmus* des Galopps folgt.

Erhebe dich nicht vom Sattel, etwa in der Art des Leichttrabens. Manche Reiter hopsen beim Galoppieren im Sattel herum, aber das sieht nicht nur häßlich aus, sondern ist auch ganz falsch.

Bei meinen Galoppsprüngen hast du ein ähnliches Gefühl wie beim Schaukeln. Genauso wie du dich mit deinem Oberkörper in die Höhe schaukelst, genauso schwingst du bei jedem meiner Galoppsprünge nach vorn. Damit bleibst du im *Gleichgewicht* und treibst mich bei jedem Sprung vorwärts.

Deine Schenkel sind gleichzeitig und gleichmäßig angelegt. Damit bestimmst du das *Tempo* meines Galopps, hältst mich in Schwung oder verstärkst das Tempo. Wenn du die Schenkel genau in dem Augenblick anlegst, in dem das Vorderbein den Boden berührt, wirkst du auf das Hinterbein, das sich gerade vom Boden abstößt. Es braucht einige Übung, um den genauen Zeitpunkt abzupassen.

Deine *Hände* sollen im Takt mit meinem Kopf und Hals mitgehen.

Dein Körper schwingt im gleichen Rhythmus und im gleichen Tempo, in dem ich galoppiere. Das kann so langsam sein wie ein verkürzter Trab oder so schnell wie ein *Renngalopp* beziehungsweise alles, was dazwischen liegt.

Wenn du das Tempo verringern oder vom Galopp in den Trab oder Schritt übergehen willst, wendest du deine *Hilfen* genauso an, wie du das in den anderen Gangarten getan hast:

Leg deine Schenkel in der Höhe des Gurts an. Nimm dein *Körpergewicht* etwas zurück, damit deine Haltung der neuen Gangart entspricht. Denk an eine beruhigende *Stimmhilfe* und gib verhaltende *Zügelhilfen*, das heißt, du ziehst die Zügel kurz an und gibst sie gleich wieder nach.

Als du angefangen hast, mich mit deinen Hilfen in Bewegung zu setzen und im Schritt anzureiten, schien es dir sehr schwierig, deine verschiedenen Körperteile stets im richtigen Moment einzusetzen. Du hast dich im Anreiten, Halten und Wenden geübt, hast das Tempo bestimmt, in dem ich im Schritt ging, und bist schneller und langsamer geritten. Nach und nach hast du Sicherheit und Vertrauen gewonnen und gelernt, daß du mich mit deinen Hilfen wirklich beherrschen und unter Kontrolle halten kannst, wenn du sie richtig und gleichzeitig anwendest.

Die Hilfen, mit denen du mich vom Schritt in den Trab übergehen läßt, sind fast dieselben, die du für den Schritt verwendest. Es war also nicht schwer, den Übergang vom Schritt in den Trab zu lernen.

Das Angaloppieren dagegen ist viel schwieriger, denn nun müssen die Hilfen nicht nur sehr exakt, sondern auch zum richtigen Zeitpunkt angewandt werden. Verlier nicht den Mut, wenn es nicht gleich klappt. Manchmal glaubst du, du hast mich gründlich auf das Angaloppieren vorbereitet, und dann stürme ich doch in einem schnellen Trab davon. Straf mich nicht, sondern denk darüber nach, was du falsch gemacht hast.

Es ist wie beim Kuchenbacken. Alle Zutaten müssen in der vorgeschriebenen Menge in den Teig kommen, damit er aufgehen kann. Beim Angaloppieren ist es nicht anders. Auch für ein gelungenes Angaloppieren brauchst du die richtigen Zutaten. Und zwar nicht nur in der richtigen Menge, sondern auch im richtigen Augenblick.

Gleichgültig wieviel Kraft und Schwung ich in meinem Motor entwickle, wenn du diesen Schwung nicht mit deinen *Zügeln* auffängst, kann ich nicht angaloppieren, sondern fange zu traben an. Dasselbe geschieht, wenn du meinen Kopf und Hals hinunterhängen läßt und meine Vorhand belastest oder mir nicht die richtige Stellung gibst.

Ebenso erfolglos verliefe es, meinen *Kopf* und *Hals* aufzurichten und meinen Körper in die richtige Stellung zu bringen, wenn ich nicht die *Schwungkraft* habe, die ich für den Galoppsprung brauche.

Es erfordert Fleiß, Übung und Geduld, um zu lernen, wie du mich richtig versammelst und mir genügend Schwung und die richtige Stellung gibst, bevor du meinen Vorwärtsdrang für den ersten *Galoppsprung* frei läßt. Du

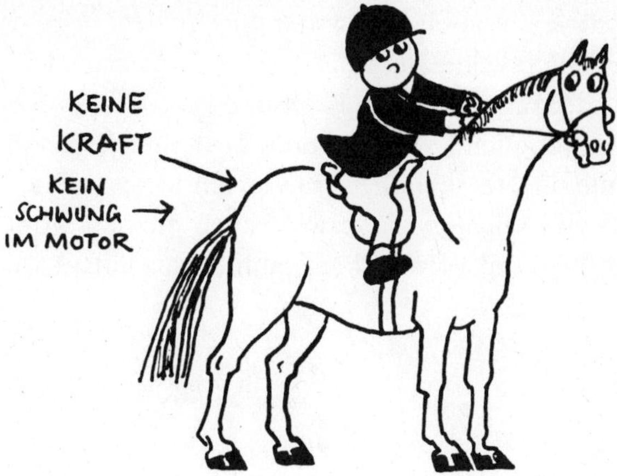

wirst es öfter versuchen müssen, um den richtigen Zeitpunkt zu finden, in dem ich korrekt angaloppieren kann. Allerdings wirst du dann sehr zufrieden sein, wenn du mich richtig angaloppieren kannst, genau dort, wo du es haben willst, auf dem von dir bestimmten Fuß und in der Haltung, aus der wir beide mit größter Leichtigkeit und im vollkommenen *Gleichgewicht* galoppieren können.

Mein Körperbau erlaubt es mir nicht, die Tritte meiner Vorderbeine sozusagen vor meine Nase zu setzen. Bei aufgerichtetem Kopf und gewölbtem Hals, das heißt, wenn ich versammelt bin, sind meine Tritte entsprechend kürzer. Auch wenn aus meiner Hinterhand viel Schwung und Kraft kommen, mein Kopf und Hals aber aufgerichtet sind, kann ich keine längeren Tritte machen, sondern hebe meine Beine höher, bevor ich sie vorsetze. Das nennt man *Knieaktion.* Je weiter ich meinen Kopf und Hals im Galopp vorstrecken kann, desto länger werden meine Sprünge.

Im *starken Galopp* bin ich am schnellsten. Dabei ändert sich meine Fußfolge nicht, aber durch den größeren Schwung aus meiner Hinterhand entsteht ein längerer Moment der *Schwebe,* in dem keines meiner vier Beine den Boden berührt. Da ich im starken Galopp sehr schnell vorwärtskommen möchte, strecke ich Kopf und Hals so weit wie möglich vor. Dadurch erreichen meine Galoppsprünge ihre größte Länge. Meine Vorderbeine schwingen weit nach vorn, und meine Hinterbeine springen kraftvoll unter meinen Körper.

Im starken Galopp verlegst du dein Gewicht ziemlich weit nach vorn und behältst eine feste Anlehnung mit dem Gebiß in meinem Maul.

Allerdings bin ich im starken Galopp mit vorgestrecktem Kopf und Hals nur schwer zu beherrschen. Du hast auch fast keine Veranlassung, so schnell zu reiten, außer du nimmst an einem Pferderennen teil.

Deshalb rate ich dir, lieber nicht über einen *Mittelgalopp* hinauszugehen.

Springen

Mittlerweile galoppierst du schon recht gut und solltest lernen, mich über *Hindernisse* zu reiten. Man sagt dazu auch *springen.* Viele Gründe sprechen dafür, warum du es lernen solltest.

Beim Ausritt über Waldwege können wir auf gestürzte Baumstämme stoßen, denen man nicht ausweichen kann. Vielleicht hast du auch die Möglichkeit, an einer Fuchsjagd teilzunehmen. Also müssen wir Hecken überspringen, um der Meute zu folgen. Bei Juniorenkonkurrenzen gibt es Hindernisse beim *Querfeldeinritt* und beim *Jagdspringen.* Und wer weiß, vielleicht sind wir beide eines Tages fortgeschritten genug und können bei einem Reitturnier in einer Springklasse antreten.

Deshalb mußt du lernen, sicher im Sattel zu sitzen, wenn ich über ein Hindernis springe. Du mußt auch wissen, wie du mir dabei helfen kannst, anstatt mich zu behindern.

Beim Springen kannst du den Bewegungsablauf in vier Abschnitte einteilen: Anreiten, Absprung, Flug, Landung. Das *Anreiten* ist die Vorbereitung. Die Höhe und Breite des Hindernisses spielen eine Rolle. Danach richtet sich die Entfernung, aus der wir beginnen. Solange du nicht genügend Erfahrung hast, um die beste Entfernung zum Anreiten abzuschätzen, mußt du mindestens zehnmal meine Länge nehmen. Reite mich immer direkt auf die Mitte des Hindernisses zu. Mein Körper soll vom Genick bis zum Schweifansatz gerade sein. Man sagt, ich bin auf das Hindernis *ausgerichtet,* wenn du mich gerade darauf zureitest. Schau immer über meine Ohren hinweg nach vorn und richte deine Augen auf die Mitte des Hindernisses.

Ein Sprung über ein Hindernis ist eigentlich nicht viel anders als ein höherer und längerer Galoppsprung. Und alle Regeln, die du für den Galopp gelernt hast, gelten auch für das Reiten über Hindernisse. Denk an deinen festen Sitz im Sattel und verkürze die Zügel. Du mußt mich versammeln und die Kraft, die du in meinem Motor erzeugt hast, mit den Zügeln verhalten. Mein Kopf und Hals sind aufgerichtet, und die Vorhand ist entlastet wie für den Galopp.

Schnelligkeit ist nicht nötig, um über ein Hindernis zu springen. Aber ich muß Schwung in meinem Motor haben, bevor ich an das Hindernis herankomme, damit ich *abspringen* kann. Du mußt diesen Schwung mit den *Zügeln* verhalten und das Hindernis in einem ruhigen gleichmäßigen *Tempo* anreiten. Eigentlich solltest du so galoppieren, als würde gar kein Hindernis vor uns aufragen.

Wir nähern uns dem Hindernis bis auf ein paar Schritte, und nun fühlst du, daß ich bereit bin für den *Absprung*. Der Absprung ist der Augenblick, in dem ich mich vom Boden abstoße. Dabei strecke ich Kopf und Hals immer weiter vor, um mich auszubalancieren. Deine Arme müssen locker und entspannt sein und deine *Hände* dem Sich-Strecken meines Halses folgen. Dadurch wird auch die Kraft frei, die du beim Anreiten in meiner *Hinterhand* gesammelt hast und die ich jetzt für den Absprung brauche. Während ich mich im Absprung vom Boden abstoße, neigst du deine Schultern und deinen Oberkörper vor und läßt deine Hände der Streckung

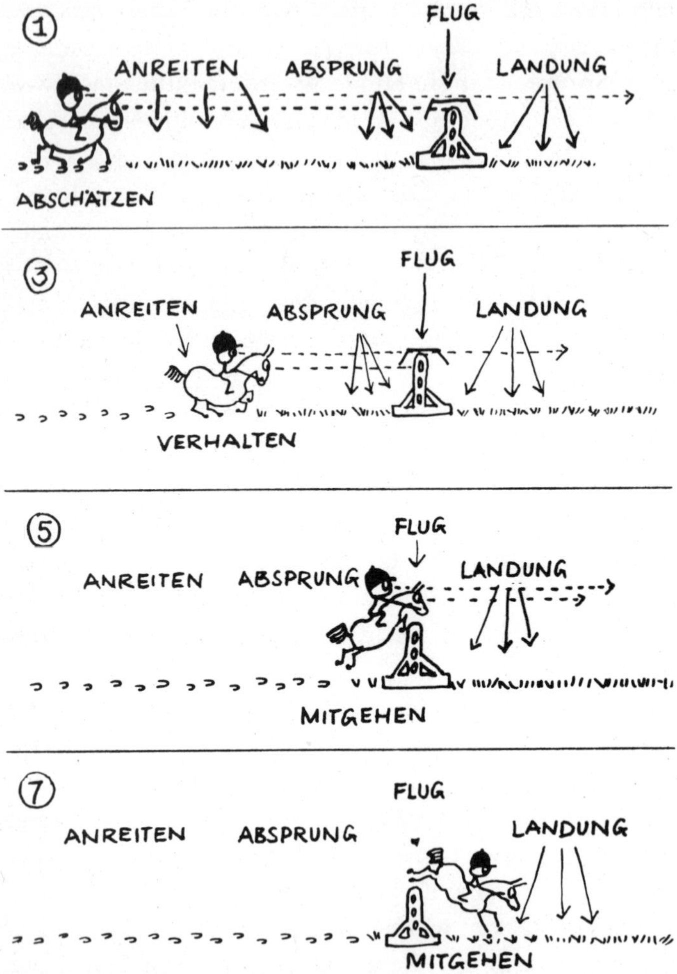

meines Halses folgen. So habe ich *Kopf* und *Hals* frei, um mein *Gleichgewicht* zu halten. Dein Gewicht verlegt sich dabei nach vorn auf deine *Oberschenkel.*

Im *Flug* über das Hindernis geben deine *Hände*

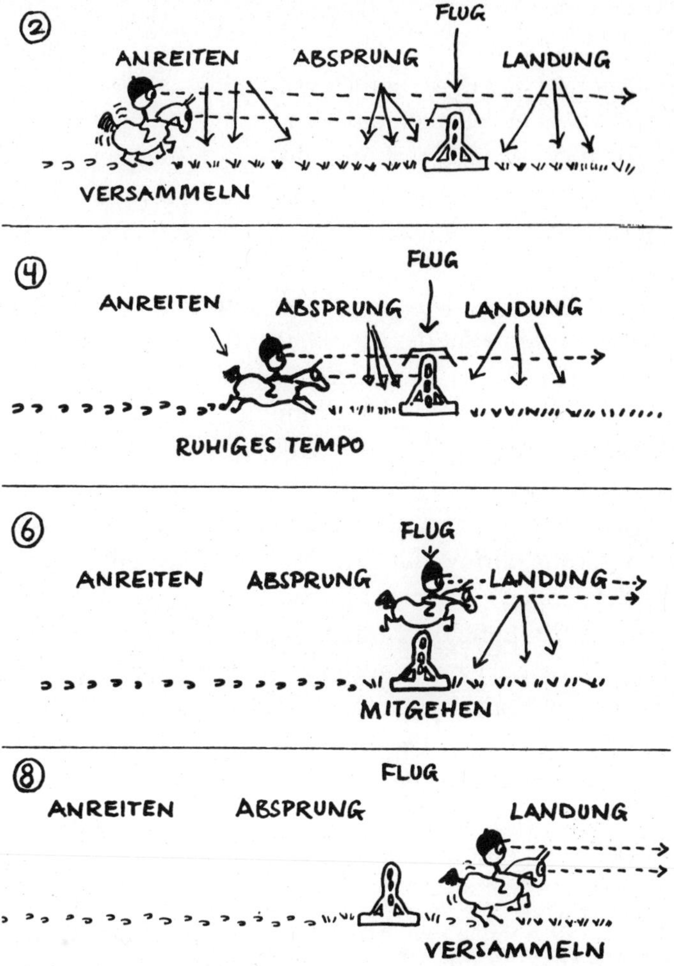

weiterhin dem Gleichgewichtsbestreben meines Halses nach, und dein Oberkörper folgt in gleichem Maß. Man nennt den Flug auch die *Schwebephase*.

Bei der *Landung* richte ich meinen Kopf und Hals

wieder auf, um weiter zu galoppieren oder zu traben. Dein Körper kehrt in die Haltung zurück, die für die Gangart richtig ist, in der ich weitergehe. Du behältst die *Anlehnung* mit dem Gebiß in meinem Maul und versammelst mich wieder, während du vom Hindernis wegreitest.

Anfangs übst du mit *Stangen,* die du in Abständen von mindestens einem Meter auf den Boden legst. Über diese Stangen kann ich, ohne zu springen, im Schritt gehen oder traben. So übst du das *Anreiten* und brauchst dich nicht um deinen Sitz zu kümmern. Denk daran, geradeaus zu blicken, und schau nicht hinunter auf die Stangen, während ich darübersteige. Übe auch, gerade von den Stangen wegzureiten.

Erhöhe die Stangen allmählich, damit ich einen kleinen Sprung darüber machen muß. Die Stangen haben an beiden Enden x-förmige Stützen und heißen *Cavaletti.* Je nach der Stellung der Stützen sind sie verschieden hoch. Du kannst auch zwei oder mehr übereinanderlegen.

Anfangs kannst du dich an einem Büschel meiner *Mähne* festhalten, bis du das richtige Gefühl für den Sprung bekommen hast und mit mir im *Gleichgewicht* bleibst. Du reißt mich dann auch nicht unabsichtlich im *Maul,* wenn du einmal hinter meiner Bewegung zurückbleibst.

Da ich fast jedes kleine *Hindernis* aus dem *Trab* überspringen kann, üben wir am besten in dieser Gangart. Später allerdings wirst du lieber aus dem *Galopp* springen. Dabei bleibst du in besserer Übereinstimmung mit mir, und auch der Sprung entwickelt sich am natürlichsten.

Wenn du alle diese Regeln befolgst, lerne ich allmählich höher springen. Du behältst mich unter Kontrolle und kannst jederzeit deine *Hilfen* anwenden. Geh mit meinen Bewegungen mit, während du anreitest und das Hindernis überspringst. So bleibst du im Gleichgewicht und sitzt fest und sicher im Sattel.

Es gibt auch Dinge, die du nicht machen darfst, wenn unser Springen gelingen soll. Bedauerlicherweise wirst du gerade diese Sachen bei vielen Reitern sehen, die dann auch noch meinen, daß sie ihr »Pferd über ein Hindernis reiten«. Doch gewöhnlich springt das arme Pferd nicht etwa wegen ihrer Hilfen, sondern trotz ihrer Behinderung.

Reite nie ein *Hindernis* schräg an ... du machst es mir schwer. Schau niemals hinunter, weder vor noch während des Sprungs ... du kommst aus dem *Gleichgewicht* und damit auch ich.

Stürme nicht auf das Hindernis zu ... du verschwendest meine Kraft schon unterwegs, und für den Sprung bleibt nichts mehr übrig.

Reite mich nicht ohne *Versammlung* an ... wenn mein Kopf hinunterhängt und meine Hinterhand nicht untertritt, kann ich nicht abspringen.

Spring nicht früher als ich ..., klettere dabei nicht auf meinen Hals und streck deine »Schwanzfedern« nicht in die Luft. So kannst du mich nicht unter Kontrolle halten, geschweige denn mit deinen Hilfen unterstützen. Außerdem behinderst du meinen Hals und wirfst dein Gewicht gerade in dem Augenblick auf meine Vorhand, in dem du sie für den Absprung aufrichten solltest. Bleib im

Rhythmus meiner Bewegung, dann machen wir auch den *Absprung* gemeinsam.

Wirf deine *Schultern* nicht plötzlich nach vorn und die Arme auf meinen Hals, so daß die Anlehnung verlorengeht und die *Zügel* hängen, gerade wenn ich abspringen will ... der plötzliche Wechsel von fester Anlehnung zum losen Zügel bringt mich völlig aus dem Gleichgewicht. Gib meinen Kopf und Hals erst frei, wenn ich es verlange – komm mir nicht zuvor.

Versuch nicht im letzten Moment, Gas zu geben ... indem du mit deinen *Schenkeln* in meine Seiten drischst, gerade wenn wir dicht vor dem Hindernis sind. Es ist zu spät, denn mein Motor ist schon abgestellt, und ich verliere bloß mein Gleichgewicht. Du mußt meinen Motor aufladen, bevor wir in die Nähe des Hindernisses kommen. Dann kannst du die Kraft in der Hand behalten, bis wir sie für den Absprung brauchen. Wenn du glaubst, daß ich im letzten Moment eine *Aufmunterung* brauche, drücke mit beiden Schenkeln, aber haue sie nicht in mich hinein.

Beende den Sprung nicht vor mir, indem du mir mit deinem Gewicht auf den *Rücken* plumpst, wenn ich noch über dem Hindernis schwebe. Sonst fällt meine Hinterhand schon über dem Hindernis nach unten. Behalte das *Gewicht* auf deinen Oberschenkeln, bis ich mindestens einen Galoppsprung nach der Landung gemacht habe. Denk daran, daß der Sprung nicht vollendet ist, bevor du mich nicht wieder versammelt und das Hindernis auf gerader Linie verlassen hast.

Übe nicht immer nur, über dasselbe Hindernis zu springen. Wir haben beide mehr davon, wenn wir über mehrere Hindernisse hintereinander springen. Für mich ist es weniger langweilig, und ich passe beim *Springen* besser auf. Und du mußt zwischen den Sprüngen genauso aufmerksam und aktiv reiten wie über das Hindernis selbst.

Jetzt sind wir soweit, wir reiten aus

Bisher haben wir auf einem Reitplatz geübt. Hier hast du gelernt, sicher und ausbalanciert auf meinem Rücken zu sitzen. Du kannst deine Hilfen richtig anwenden, damit du mich auch wirklich in allen Gangarten unter Kontrolle hast. Jetzt sind wir also soweit und können den eingezäunten Platz verlassen. Viele neue Erfahrungen und Freuden warten auf uns.

Nun sind wir auch gute Freunde geworden, wir kennen und verstehen einander. Wenn du deine Hilfen richtig anwendest, mit der richtigen Stärke und zur rechten Zeit, dann kannst du dich darauf verlassen, daß ich sofort reagiere und deinen Aufforderungen folge. Und ich weiß, daß du in ständiger und leichter Verbindung mit mir bist und mir deine Wünsche freundlich, ruhig und klar zum Ausdruck bringst.

Du kannst jetzt auch im voraus jegliche Schwierigkeiten in unserer Zusammenarbeit vermeiden oder, wenn nötig, in aller Ruhe beheben. Und ich habe Zuversicht und Vertrauen in deine feinfühlige Führung.

So sind wir richtige Partner geworden und können gemeinsam eine Menge Dinge tun und viel Spaß dabei haben. An sportlichen Veranstaltungen können wir jetzt schon teilnehmen oder uns durch weitere Praxis und Training darauf vorbereiten.

Ausreiten

Solange du noch gelernt hast, mich in den verschiedenen Gangarten zu führen und zu beherrschen, wagten wir uns nicht sehr weit vom Reitplatz weg. Das war gut so. Wenn irgend etwas schief ging, konntest du gleich wieder in die Einfriedung zurückkehren und noch weiter üben.

So haben wir bisher nur auf ebenem und weichem Boden gearbeitet. Nun können wir den eingezäunten Platz verlassen und durch Wälder und über Felder *ausreiten.* Es gibt dafür eigene *Reitwege,* die auch gekennzeichnet sind. Wir können aber auch, wo es erlaubt ist, querfeldein oder auf wenig befahrenen *Feldwegen* reiten. Asphaltierte Landstraßen mit starkem Verkehr solltest du aber möglichst meiden.

Beim Ausreiten müssen wir auf die unterschiedlichen Bodenarten achten. Im Gelände gibt es Vorsichtsmaßregeln, die du beachten mußt, wenn wir sicher und heil nach Hause kommen wollen.

Der *Boden* kann rutschig sein. Wenn es regnet, kann selbst ein guter Boden rutschig werden. Und wenn der Boden gefriert, wird es draußen noch gefährlicher. Der Schmied schraubt im *Winter* scharfe *Stollen* in meine Hufeisen, damit ich auf gefrorenem Boden einen festeren Halt habe.

Auch bei *Schnee* kann der Boden sehr rutschig sein. Nasser Schnee ist besonders schlecht, denn er ballt sich unter der Sohle meiner Hufe zusammen, und ich gehe wie auf Rollschuhen. Das ist nicht nur unangenehm, sondern auch sehr schädlich für meine Beine.

Sitz gleich ab und räume den Schnee aus meinen Hufen. Reite auf jeden Fall sehr vorsichtig, wenn du merkst, daß sich der Schnee unter meinen Hufen ballt.

Auf gefrorenem Boden zu reiten ist immer sehr schwierig. Hufspuren und Furchen, die sich im feuchten Boden eingedrückt haben, sind nun steinhart gefroren und lassen mich stolpern. Wenn dann die Sonne darauf scheint, taut die Oberfläche ein bißchen auf, und der Boden wird noch rutschiger. *Asphaltierte Straßen* sind besonders gefährlich und rutschig für meine Eisen. Hier reitest du besser nicht!

Wenn du trotz allem eine verkehrsreiche Straße benützen mußt, reite dicht am Straßenrand auf dem Schotter- oder Erdstreifen. Du kannst den Arm ausstrekken und einem näherkommenden *Auto* bedeuten, langsamer zu fahren. Aber verlaß dich nicht allzu sehr auf die Rücksicht der Autofahrer. Die meisten begreifen nicht, daß ein Pferd vor einem vorbeirasenden und womöglich hupenden Auto erschrecken kann. In manchen Ländern ist für Fußgänger, Radfahrer und Reiter die linke Straßenseite vorgeschrieben, so daß sie den Verkehr herankommen sehen. In anderen Ländern muß sich alles rechts halten.

Wenn sich ein Auto von hinten nähert, drehst du meinen Kopf ein wenig in diese Richtung, so daß ich es herankommen sehe. Sollte ich dann scheuen, springe ich zur Seite und nicht direkt davor. Du kannst mich leichter daran hindern, meine Hinterhand vor ein herankommendes Auto zu schwingen, wenn ich ordentlich vorwärtsgehe. Treib mich also vorwärts. Ich darf nicht stehenbleiben.

Achte bei rutschigem Boden immer auf deinen festen Sitz im Sattel. Reite mich etwas versammelt und mit guter *Anlehnung,* die mir eine Stütze gibt. Meine Füße dürfen nicht unter mir wegrutschen. Du mußt mir helfen, mein *Gleichgewicht* zu bewahren, besonders in Kurven und Wendungen.

Man spricht von schwerem Boden, wenn das Erdreich naß ist. Für mich ist es sehr mühsam, über schweren Boden zu gehen, zum Beispiel durch Morast oder sumpfige Flußufer oder über einen gepflügten Acker nach einem Regen. Wenn du unbedingt über schweren

Boden reiten mußt, reite mich langsam im Schritt und gib mir eine feste Anlehnung als Stütze. Treib mich nicht an, ich könnte mir leicht die Beine verletzen.

Wenn wir bei einem Querfeldeinritt über unebenen oder harten und manchmal auch steinigen Boden reiten, sollte ich ordentlich versammelt sein. Reite mich nicht mit losen *Zügeln* und mit zuviel Gewicht auf der Vorhand, sonst verliere ich mein Gleichgewicht und stolpere.

Reite niemals über ein Feld oder eine Wiese, ohne nach Gräben und Löchern, besonders nach Maulwurfhügeln und Kaninchenlöchern Ausschau zu halten. Wenn ich in ein Loch trete, können wir beide recht unangenehm stürzen.

Sei nicht überrascht, wenn ich einen Sprung über einen *Wassergraben* verweigere, besonders, wenn ich ihn zum ersten Mal sehe. Es erfordert Geduld und Zeit, bis ich mich entschließe, ihn zu überspringen, wobei mein erster Versuch ein besonders großer Sprung werden könnte. Halte dich auf alle Fälle an meiner *Mähne* fest, damit du mir nicht im *Maul* reißt.

Vergiß nicht, daß ich bei unserem Ausritt eine Menge neuer Dinge sehe, viele unbekannte Laute höre und wahrscheinlich auch manche unvermutete Überraschung erlebe. Du mußt also dauernd darauf gefaßt sein, mich zu beruhigen.

Für Ausritte mußt du auch wissen, wie man *bergauf* und *bergab* reitet. Bergab reitest du mich langsam, je steiler der Abhang, desto langsamer. Bleib fest im Sattel und gib mir eine gute feste *Anlehnung* als Stütze. Laß meinen Kopf nicht hinunterhängen, sonst stolpere ich. Versammle mich, wenn es nötig ist.

Beim Bergaufreiten verlegst du dein Gewicht nach vorn, damit meine Hinterhand entlastet ist. So können uns meine Hinterbeine bergauf schieben.

Denk daran, daß ich dazu neige, bergab schneller und bergauf langsamer zu gehen. Da du mich aber in gleichmäßigem Tempo reiten sollst, mußt du deine verhaltenden Hilfen einsetzen, bevor wir bergab reiten, und deine treibenden Hilfen, bevor es bergauf geht.

Wenn ich sehr frisch und munter bin, tut es gut, mich meinen Übermut etwas abreagieren zu lassen und mit mir bergauf zu traben oder zu galoppieren.

Beim Bergaufgehen kann ich meinen Kopf nicht zwischen die Vorderbeine stecken und spielerisch mit den Hinterbeinen *ausschlagen* oder *bocken,* wie man es nennt. Sei dagegen vorsichtig beim Bergabreiten, wenn ich sehr frisch bin.

Auf einem Abhang kann ich dich durch ein kurzes Bocken leicht aus dem Sattel bringen. Achte auf deinen tiefen Sitz und festen Knieschluß. Richte meinen Kopf und Hals auf und laß mich nicht schneller werden.

Wenn es im Sommer lange nicht geregnet hat, wird der Boden sehr staubig. Reite nicht zu dicht hinter anderen Pferden und Ponys, sonst muß ich allen Staub einatmen, den ihre Hufe aufwirbeln. Das ist unangenehm und ärgerlich und außerdem so ungesund für meine Lungen,

daß ich Husten bekommen kann. Reite niemals über bebaute Felder und in hohe Wiesen. Reite nur am Rand entlang, es sei denn, du weißt, daß der Besitzer das Reiten über seine Grundstücke in der betreffenden Jahreszeit erlaubt.

Galoppiere nicht mitten durch eine *Rinder*- oder *Schafherde* oder auch nur an ihr vorbei. Du versetzt sie in Angst und Unruhe. Und niemals darf durch deine Schuld eine Viehherde aus einer *Weide* entkommen, nur weil du vergessen hast, das *Gatter* hinter dir zu schließen oder einen *Balken* auf seinen Platz zurückzulegen, den du beim Durchreiten von einem Gatter oder einem *Zaun* heruntergehoben hast.

Wenn du später über Zäune springst, kann es passieren, daß du einen Balken beschädigst oder brichst. Bringe ihn in Ordnung, so gut es geht, und berichte dem Besitzer des Zauns sofort von dem Schaden, damit er ihn gleich reparieren kann. Die entstandenen Kosten mußt du tragen, denn es war ja deine Schuld.

Vergiß niemals, daß du das Vergnügen des Ausreitens nur dem Einverständnis der Geländeeigentümer verdankst. Sei deshalb ein dankbarer und höflicher Gast, wo immer du auch reitest.

Die *Fuchsjagd* ist eine Sportart, an der wir beide viel Freude haben können. Du mußt mich natürlich erst mit deinen Hilfen unter Kontrolle haben. Wir müssen beide das Querfeldeinreiten beherrschen und genügend Übung im Springen haben.

Ursprünglich wurde bei diesem Sport ein Fuchs aufgespürt und gehetzt. Da der Fuchs ein sehr schlaues Tier ist und mit vielen Tricks seine Verfolger an der Nase herumführen kann, ist er sehr schwer zu fassen. Für diese Fuchsjagd gibt es Hunderassen, die besonders ausgebildet sind und der Witterung des Fuchses folgen.

Bei uns ist jetzt die Fuchsjagd vom Tierschutzverein verboten, und dafür gibt es *Schleppjagden* oder *Schnitzeljagden.* Ein Reiter, der einen Fuchsschwanz an der Schulter trägt und den Fuchs spielt, legt eine Spur, und zwar bei der Schleppjagd mit einem Schwamm, der mit *Fuchslosung* getränkt ist, und bei der Schnitzeljagd mit Papierschnitzeln. Wie bei der wirklichen Fuchsjagd werden auch bei der Schleppjagd die Hunde auf die Spur des Fuchses gesetzt. Diese Hunde jagen in einer Gruppe, die man *Meute* nennt. Sie müssen dem *Huntsman* oder *Oberpiqueur* gehorchen. Der Huntsman hat einen oder zwei Gehilfen, die *Whipper-in* oder *Piqueure* heißen. Hinter den Hunden und den Piqueuren reitet der *Master,* der das *Jagdfeld* anführt. So nennt man die Gruppe der Reiter, die eine Jagd reiten.

Vielleicht hast du Glück und bist Mitglied einer Jugendgruppe, die einem *Reitklub* angegliedert ist. Manchmal veranstalten Reitklubs auch eigene Jagden für Junioren, zu denen du als Gast eingeladen wirst. Bevor du an so einer Jagd teilnimmst, solltest du einiges über die Geschichte, die Tradition und die Bräuche der Fuchsjagd lernen, über die Arten der verschiedenen Jagden, die Fachausdrücke und das richtige Benehmen im Jagdfeld.

Manche Meuten sind Privatbesitz, und man kann nur auf Einladung des Masters an den Jagden teilnehmen. Zu Jagden, die von Reitklubs veranstaltet werden, können Gäste eingeladen werden. Sie zahlen einen *Jagdbeitrag*, der auch *Capping Fee* genannt wird. Wenn du bei Jagden mitreitest, die nicht ausschließlich für Mitglieder einer Jugendgruppe veranstaltet werden, sollte dich immer ein erfahrener Erwachsener begleiten. Zu Anfang sollten wir an Jagden als Zuschauer teilnehmen. Am besten mischst du dich nicht in das Jagdfeld, sondern stellst dich auf einen Hügel, von dem aus du die *Jagdstrecke* gut überblicken kannst. So kannst du die Arbeit der Hunde beobachten, und ich kann mich dabei an den Anblick der zahlreichen galoppierenden Pferde gewöhnen.

Eine Sportart, die viel Vergnügen bereitet und bei der man auch gern zuschaut, ist *Polo*. Bei diesem aufregenden Spiel spielen zwei Mannschaften von jeweils vier Reitern auf einem grasbewachsenen Polofeld, beziehungsweise drei Reitern in der Halle gegeneinander. Dabei treibt der Polospieler den Ball mit einem Poloschläger in das Tor des Gegners. Polo ist ein sehr schnelles Spiel, das vom *Polopony* große Wendigkeit und Ge-

schwindigkeit verlangt und vom Reiter viel Geschick und Reaktionsvermögen.

In verschiedenen Ländern gibt es *Poloklubs,* deren Mitglieder gegeneinander in Turnieren antreten. Manchmal kommen sie von weither zusammen. In manchen Poloklubs können auch junge Reiter die Grundbegriffe dieses Spiels lernen. Polo ist ein mitreißendes Spiel. Der Spieler muß nicht nur ein guter Reiter sein, sondern auch geschickt mit dem Poloschläger schlagen können. Eigentlich ist Polo ein männlicher Sport, doch ist gerade einer der besten englischen Polospieler ein sattelfestes Mädchen!

Die Teilnahme an *Reitturnieren* gehört zum Reitsport und ist für Reiter und Pferd ein großes Erlebnis. Selbstverständlich müssen wir beide schon etwas fortgeschritten sein, bevor wir in irgendeiner Prüfung eines Turniers antreten. Auch für die *Anfängerklassen* braucht man schon etwas Erfahrung im Reiten. In jedem Land gibt es eine Organisation, der alle Reitklubs angeschlossen sind.

Jeder Reiter muß Mitglied eines *Reitklubs* sein, wenn er an Turnieren teilnehmen will. Die Reitturniere finden nach bestimmten Regeln und Richtlinien statt, die als Broschüren zu kaufen sind.

Bei manchen Reitturnieren gibt es eigene Juniorenklassen, doch gibt es auch Turniere, bei denen nur Jugendliche zugelassen sind.

In einer *Materialprüfung* werde nur ich beurteilt, da mein Aussehen und meine Gänge *Material* genannt werden. Diese Prüfung ist meist nur für junge Pferde. In *Dressurprüfungen* beurteilt der Richter, wie du mich reitest und wie ich deinen Hilfen folge.

In *Springprüfungen* gehen wir über einen *Parcours* von Hindernissen von verschiedener Höhe und Breite und sollen möglichst nicht stehenbleiben, das heißt »*verweigern*« und keine Hindernisse ab- oder umwerfen. Auf jeden Fall sollten wir nur an *Prüfungen* teilnehmen, für die wir beide genügend vorbereitet sind. Du mußt sicher sein, daß du und ich ehrenhaft bestehen können.

Natürlich möchten wir gern gewinnen. Wir geben unser Bestes und zeigen, was wir können. Ob wir gewinnen oder nicht, ist nicht so entscheidend. Aber unser Auftreten soll sportlich sein. Das höchste Ziel für einen jungen Reiter ist die Teilnahme an internationalen Konkurrenzen, bei denen er als Mannschaftsmitglied die Farben seines Landes vertritt.

Die *Nationalmannschaft* besteht aus einer *Dressurmannschaft,* einer *Militarymannschaft* und einer *Springmannschaft.* Eine Dressurmannschaft besteht im allgemeinen aus drei Reitern, während die beiden anderen Mannschaften je vier Reiter zählen. In einer Dressurprüfung werden die Bewegungen des Pferdes, sein Gehorsam und die Ausführung verschiedener Figuren in einem *Dressurviereck* beurteilt. In der *Military-* oder *Vielseitigkeitsprüfung* wird das Pferd an drei aufeinanderfolgenden Tagen in drei verschiedenen Prüfungen klassifiziert. Am ersten Tag geht es in einer einfachen Dressurprüfung, am zweiten über eine Wegstrecke und einen Geländeparcours mit Hindernissen, und am dritten Tag ist ein *Jagdspringen* auf einem Turnierplatz angesetzt.

Die Springmannschaft nimmt an Konkurrenzen teil, die über schwierige, sehr hohe und breite Hindernisse führen. Diese Prüfungen werden auf einem Turnierplatz oder in einer Halle abgehalten. Die Höhe der Hindernisse und manchmal auch die Zeit, die das Pferd für den Parcours braucht, bestimmen die einzelnen Springprüfungen. Gewertet wird immer die Anzahl der *Abwürfe* und bei Jagdspringen eine eventuelle Zeitüberschreitung. Mannschaften und Einzelreiter können auch an internationalen Reitturnieren im In- und Ausland teilnehmen. Diese Turniere haben oftmals gleichschwere Prüfungen wie die der *Olympischen Spiele,* bei denen sich die erfolgreichsten Reiter der ganzen Welt alle vier Jahre messen.

Wenn du ein eigenes Pferd bekommst

Anfangs solltest du dir ein Pferd wie mich aussuchen, das schon eine Menge Erfahrungen hat. Ein Pferd, das schon anderen Buben und Mädchen beigebracht hat, wie man mit Pferden umgeht, sie behandelt und sie reiten lernt.

Du solltest nicht auf einem jungen unerfahrenen Pferd reiten lernen. Ein Anfänger und ein »rohes«, das heißt unausgebildetes Pferd passen nicht zusammen. Das kann sogar gefährlich werden. Zuerst wirst du wohl auch kaum ein eigenes Pferd oder Pony haben. Deshalb solltest du die bestmögliche Reitschule aussuchen, denn dort findest du geprüfte *Reitlehrer* und ruhige, geduldige Pferde und Ponys, auf denen du lernen kannst. Eine Reitschule besitzt auch eine Reitbahn oder Halle, in der Unterricht erteilt wird.

Sag dem Reitlehrer offen, daß du *Anfänger* bist. Es ist Angeberei, mehr Erfahrung vorzutäuschen, als du hast. Du bist weder besonders mutig noch sehr gescheit, wenn du etwas erzwingen willst, auf das du nicht vorbereitet bist. Und es ist einfach töricht, ein Pferd reiten zu wollen, das nur mit Können und Erfahrung zu beherrschen ist, solange du noch keines von beiden besitzt.

Vielleicht gehörst du aber zu den beneidenswerten jungen Reitern, denen die Eltern ein eigenes Pferd oder Pony versprochen haben. Dabei sind einige sehr wichtige Dinge zu bedenken. Besprich dich eingehend mit deinen Eltern, bevor sie dir ein Pferd kaufen.

Das *Alter* spielt eine große Rolle. Es vergehen mindestens fünf bis sechs Jahre, bis ein Pferd oder Pony ausgebildet ist und in jeder Hinsicht genügend Erfahrung gesammelt hat. Erst dann ist es für einen *Anfänger* ein verläßliches Reitpferd. Dein Pferd sollte also mindestens sechs oder sieben Jahre alt sein. Bei guter Pflege und Behandlung kann man ein Pony bis zum siebzehnten oder achtzehnten Lebensjahr reiten. Bei Pferden gilt das schon als alt. Ein weises, älteres Pony ist für dich am Anfang das beste. Es geht gemütlicher, und du lernst leicht und schnell.

Gesundheit ist ein weiterer wichtiger Punkt. Ich muß ganz gesund sein und darf keine Schäden oder Fehler haben, die später zur *Lahmheit* führen oder die meine *Sehkraft* oder meine *Atmung* beeinträchtigen.

Ich sollte unbedingt von einem *Tierarzt* auf solche Schäden untersucht werden. In manchen Gegenden gibt es Tierärzte, die bevorzugt oder ausschließlich Pferde behandeln.

Temperament und *Charakter* sind ausschlaggebend. So wie die Menschen haben wir Pferde unsere Eigenschaften. Meistens sind wir freundlich, willig und gehorsam. Es gibt aber auch Pferde mit unangenehmem, unfreundlichem und widerspenstigem Charakter. Das kommt meist von schlechter Behandlung. Andere Pferde wiederum sind besonders nervös und aufgeregt, so wie das auch bei

Menschen vorkommt. Solche Pferde sind vielleicht gut auf der *Rennbahn,* aber als Reitpferd für einen *Anfänger* sind sie ganz und gar nicht geeignet. Was du brauchst, ist ein sanftes Pferd mit ruhigem und gelassenem Temperament.

Mein *Gebäude,* das ist mein *Körperbau,* muß besonders beachtet werden. Es gibt *Gebäudefehler,* mit denen ein Pferd oder Pony kein verläßliches Reitpferd für dich sein kann. Solche Fehler können das Reiten, aber auch die Pflege schwierig machen. Mit schlecht geformten Füßen oder Beinen stolpert ein Pferd oder rutscht aus. Ein schwacher *Rücken* hat nicht genügend Kraft, den Reiter zu tragen. Haben die *Verdauungsorgane* nicht genügend Platz, so wird es schwierig, ein Pferd oder Pony gesund und kräftig zu erhalten. Eine schlechte *Schulter* macht die Bewegungen hart und holprig. Der Tierarzt kann am besten über solche möglichen Fehler im Körperbau urteilen.

Das *Aussehen* sollte beim *Pferdekauf* für einen Anfänger erst die letzte Rolle spielen. Deine Lieblingsfarbe oder das hübsche Aussehen machen dir natürlich Freude, haben jedoch mit der *Verläßlichkeit* oder Brauchbarkeit deines Reitpferdes nichts zu tun. Unter den Pferden und Ponys gibt es so viele *Rassen,* Farben, Formen und Größen, so daß sicherlich auch du das Pferd finden kannst, das genau zu dir paßt.

Wer weiß, vielleicht findest du sogar mich.

Hoffentlich
habt ihr auch
so viel Spaß wie wir!

Register